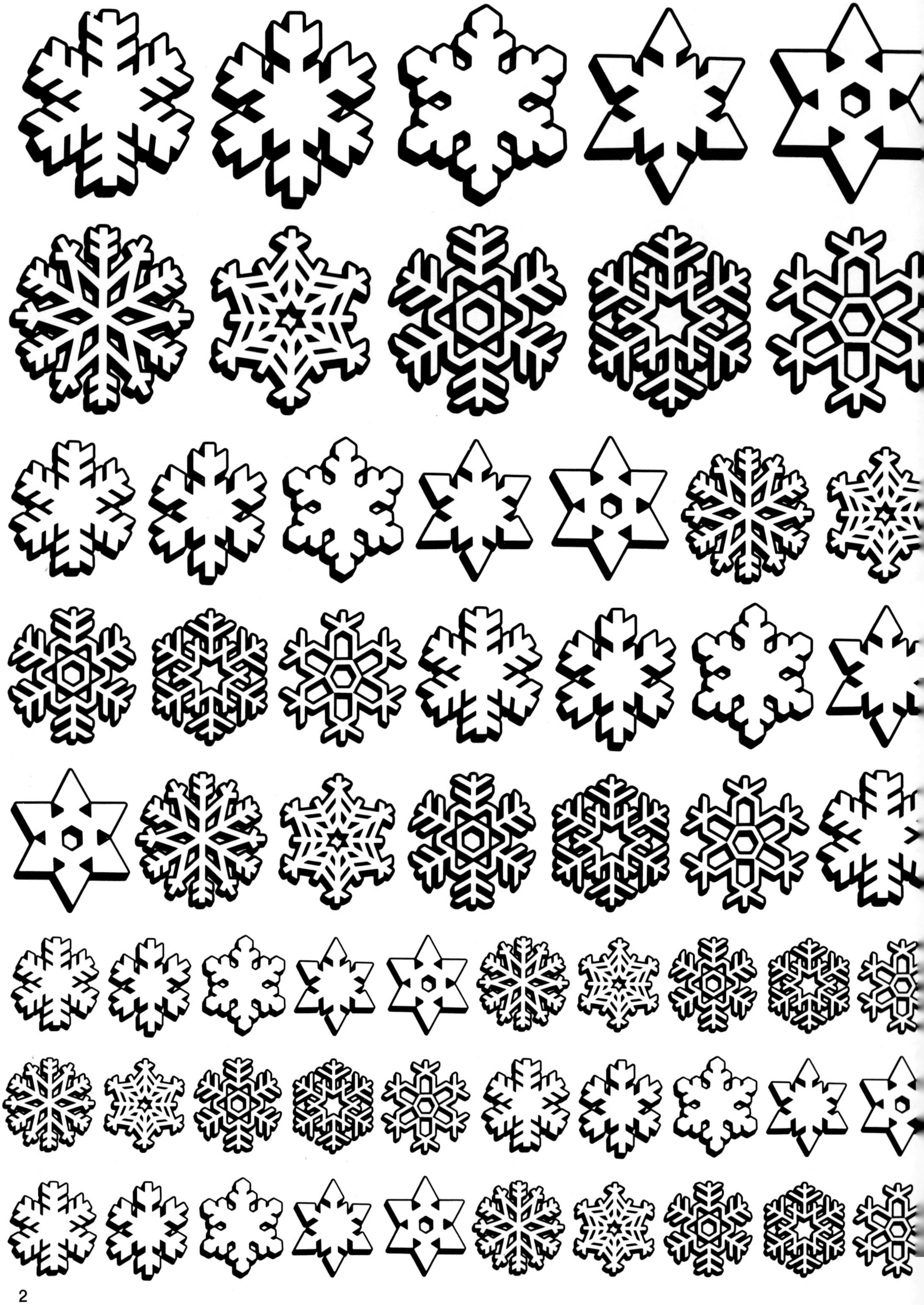

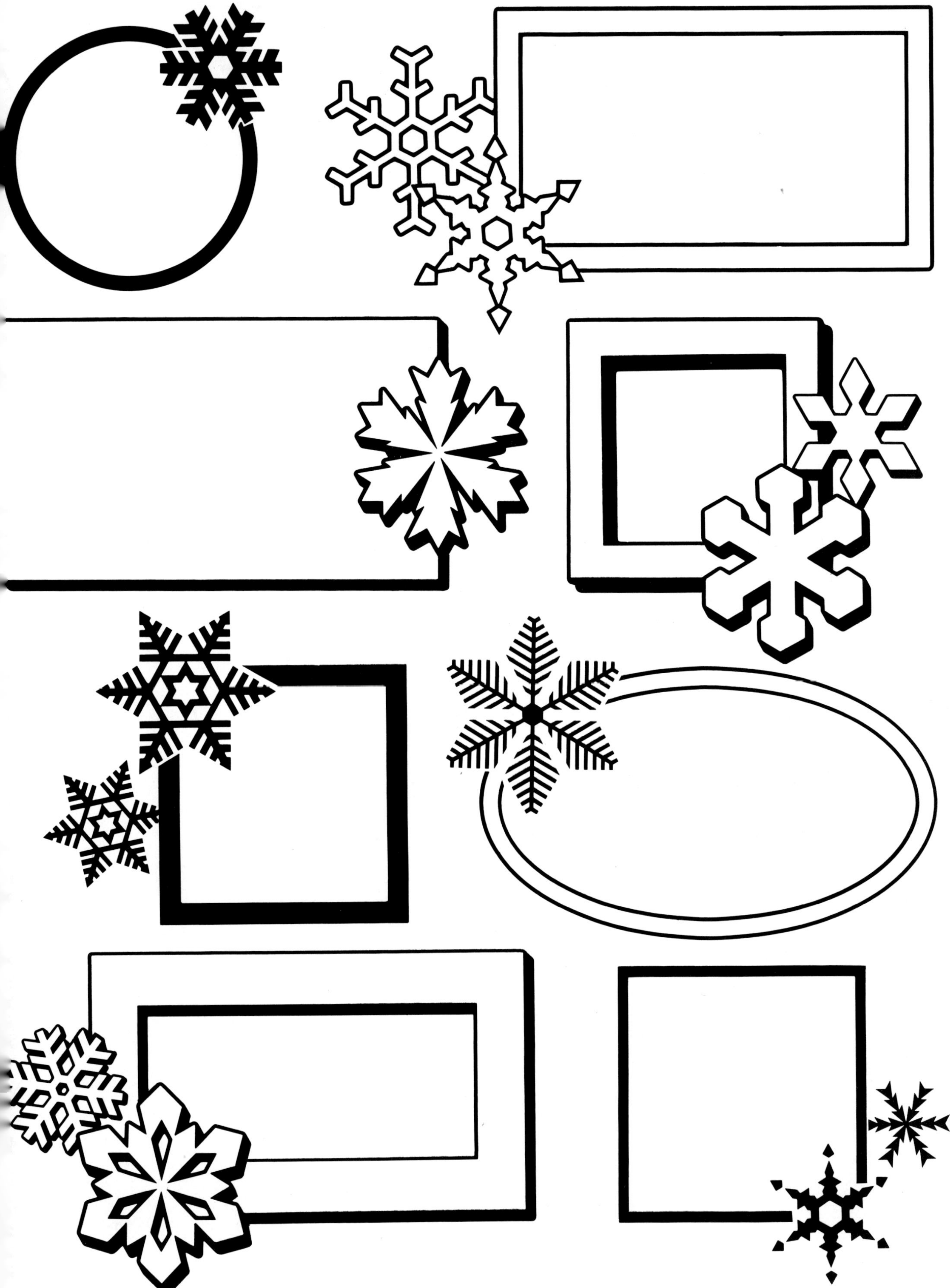

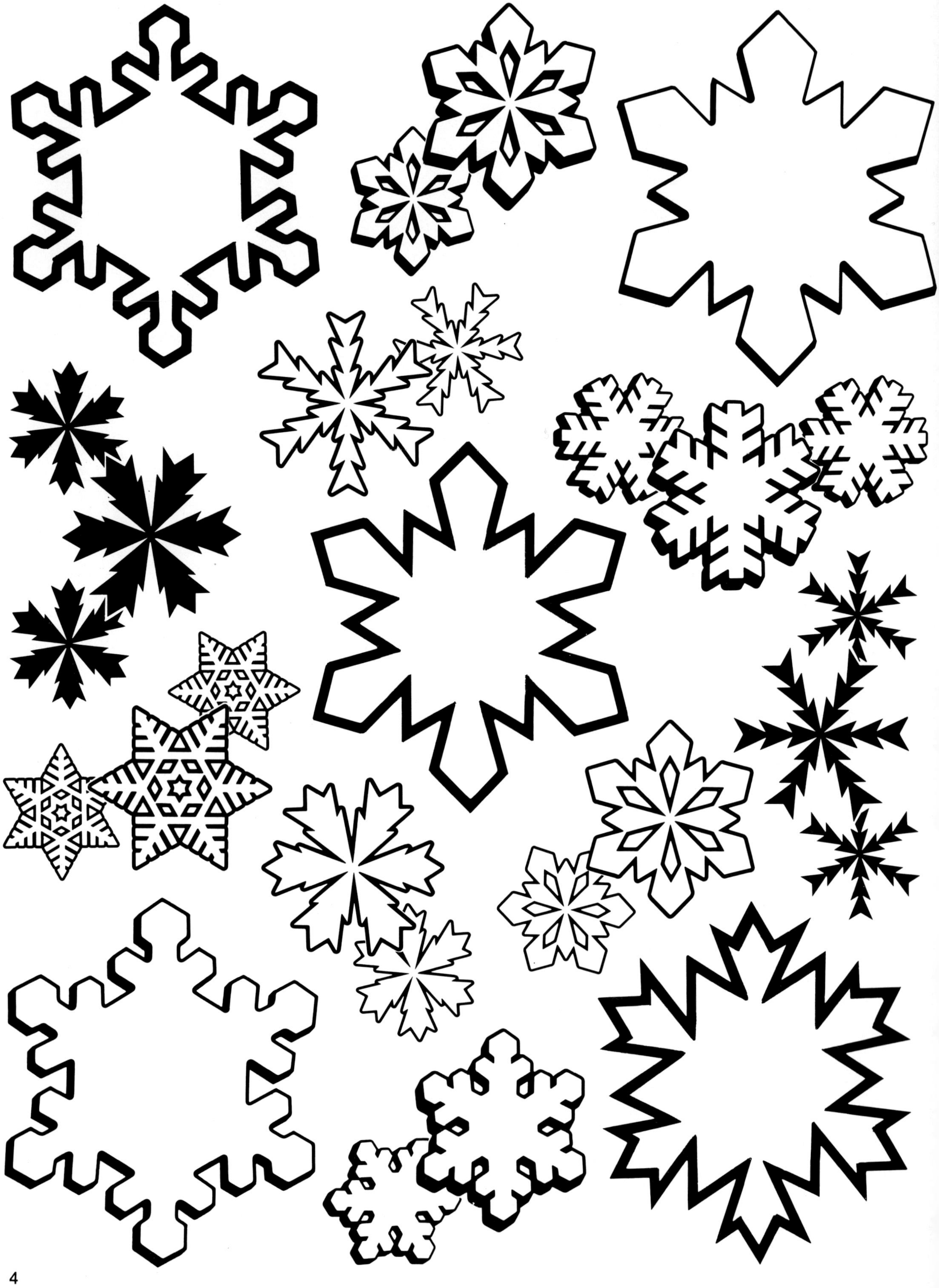

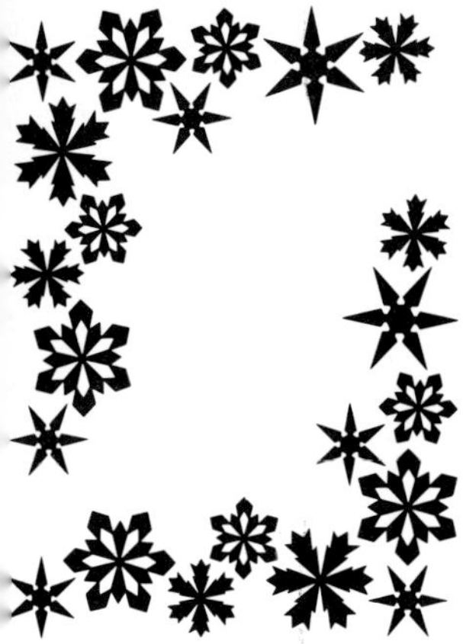
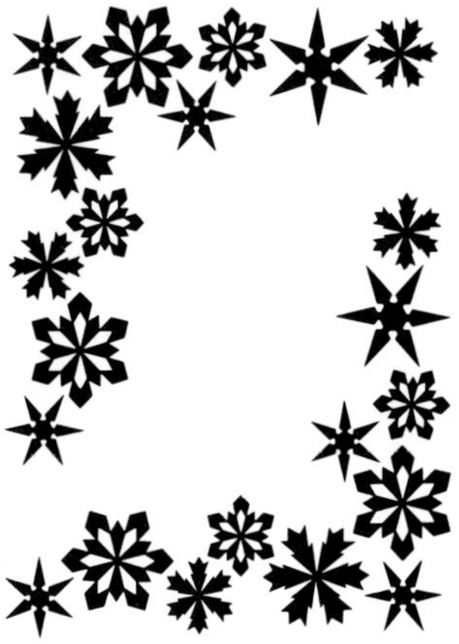
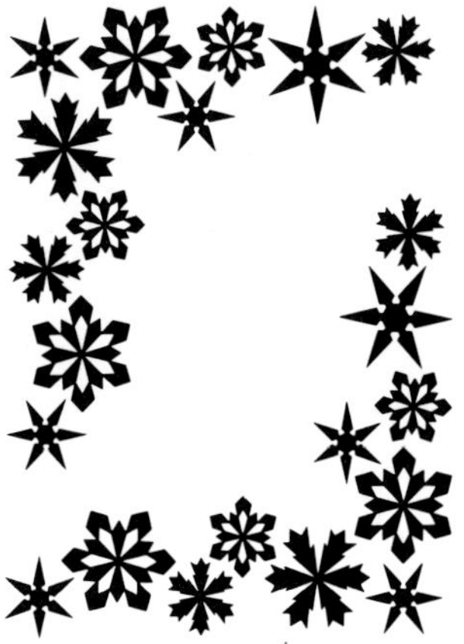
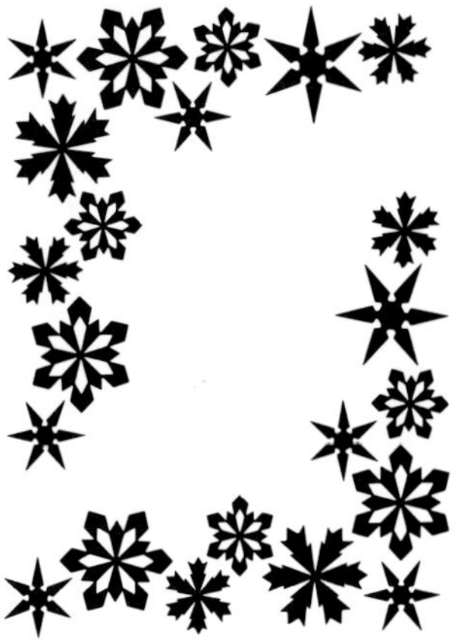
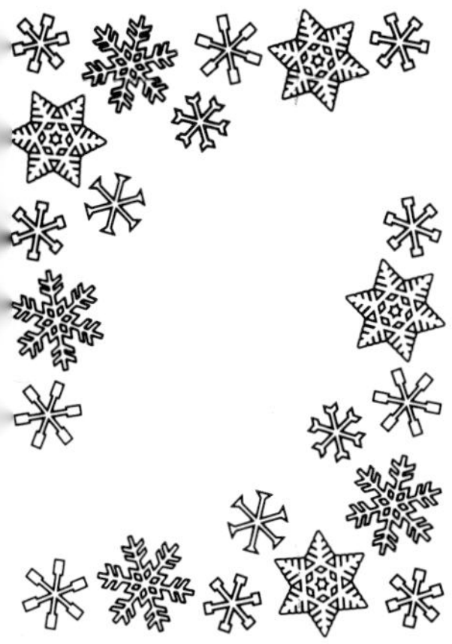
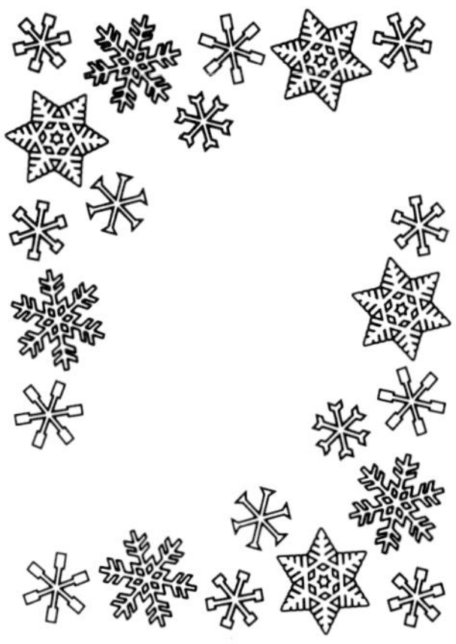
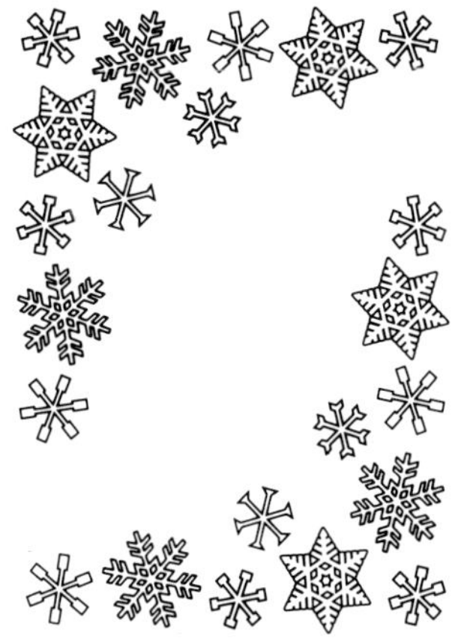
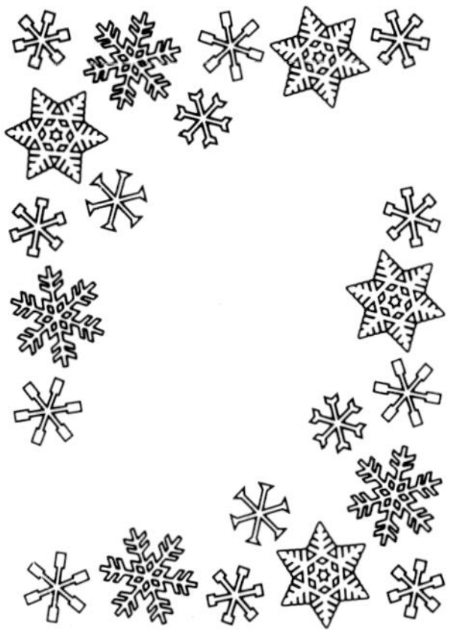
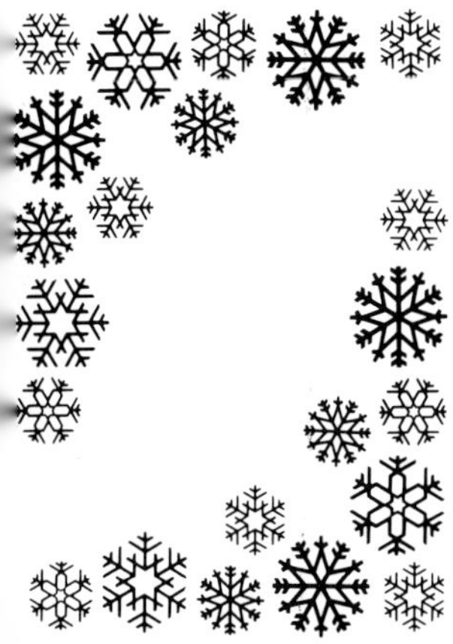
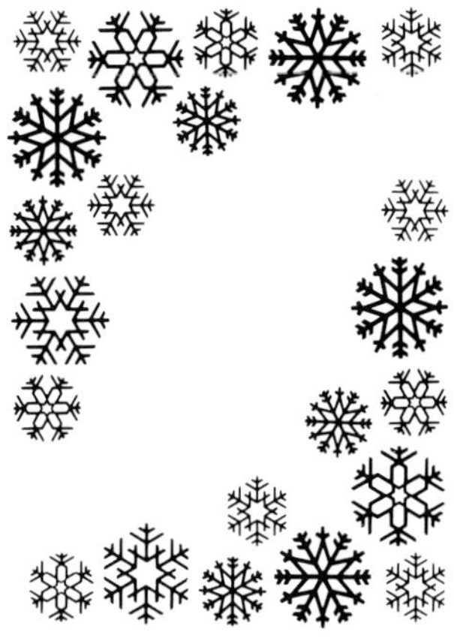
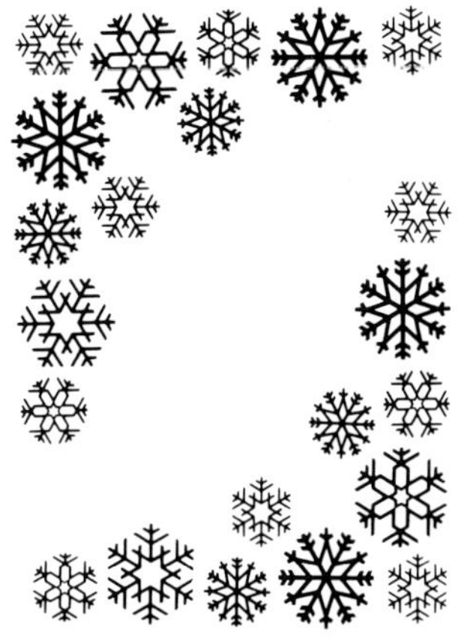
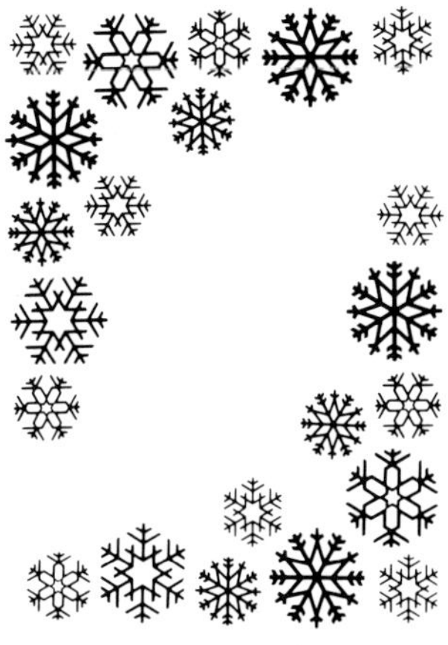
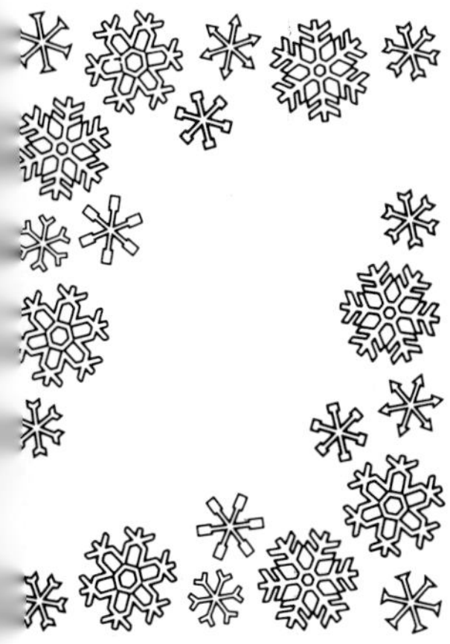
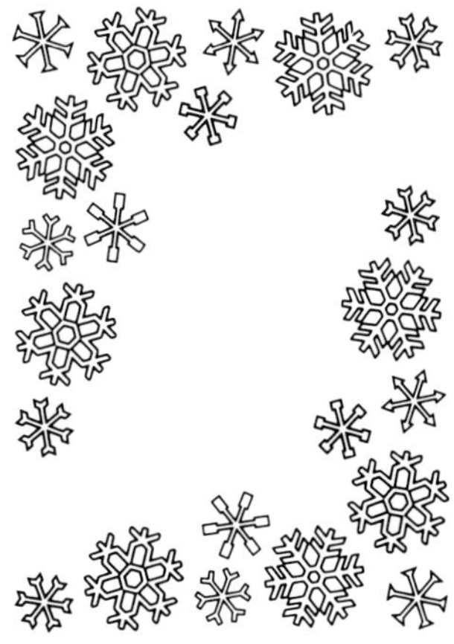
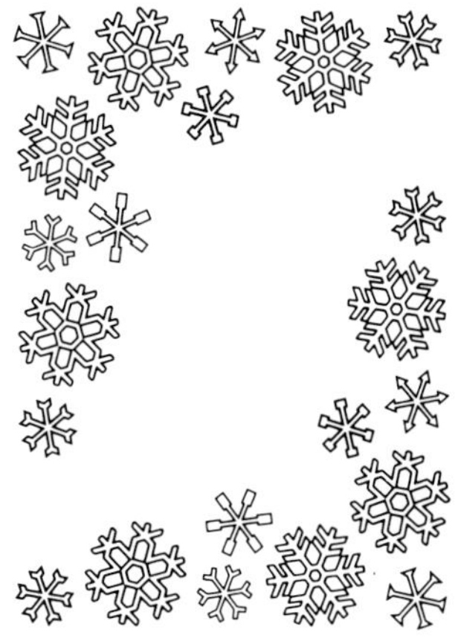
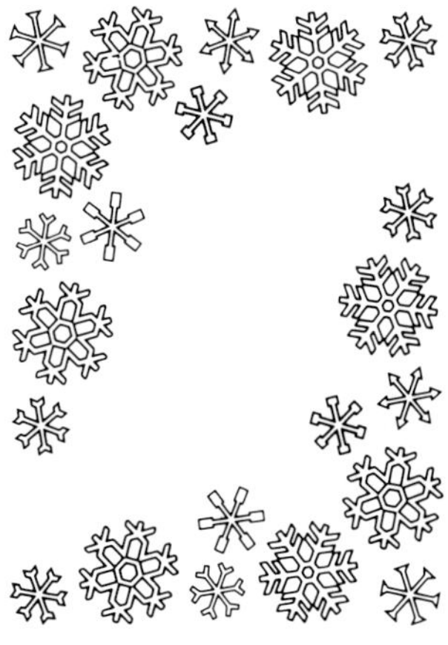

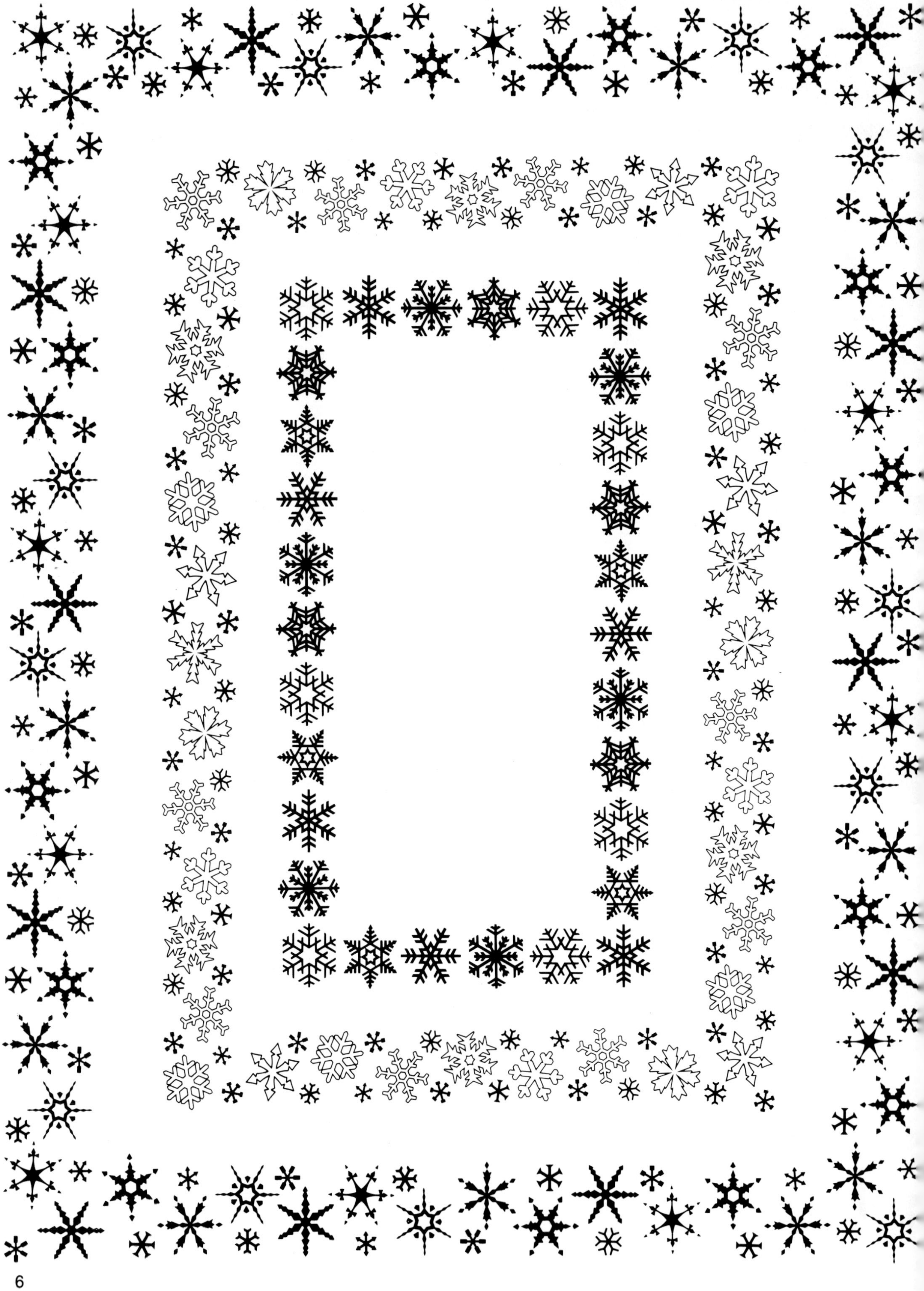

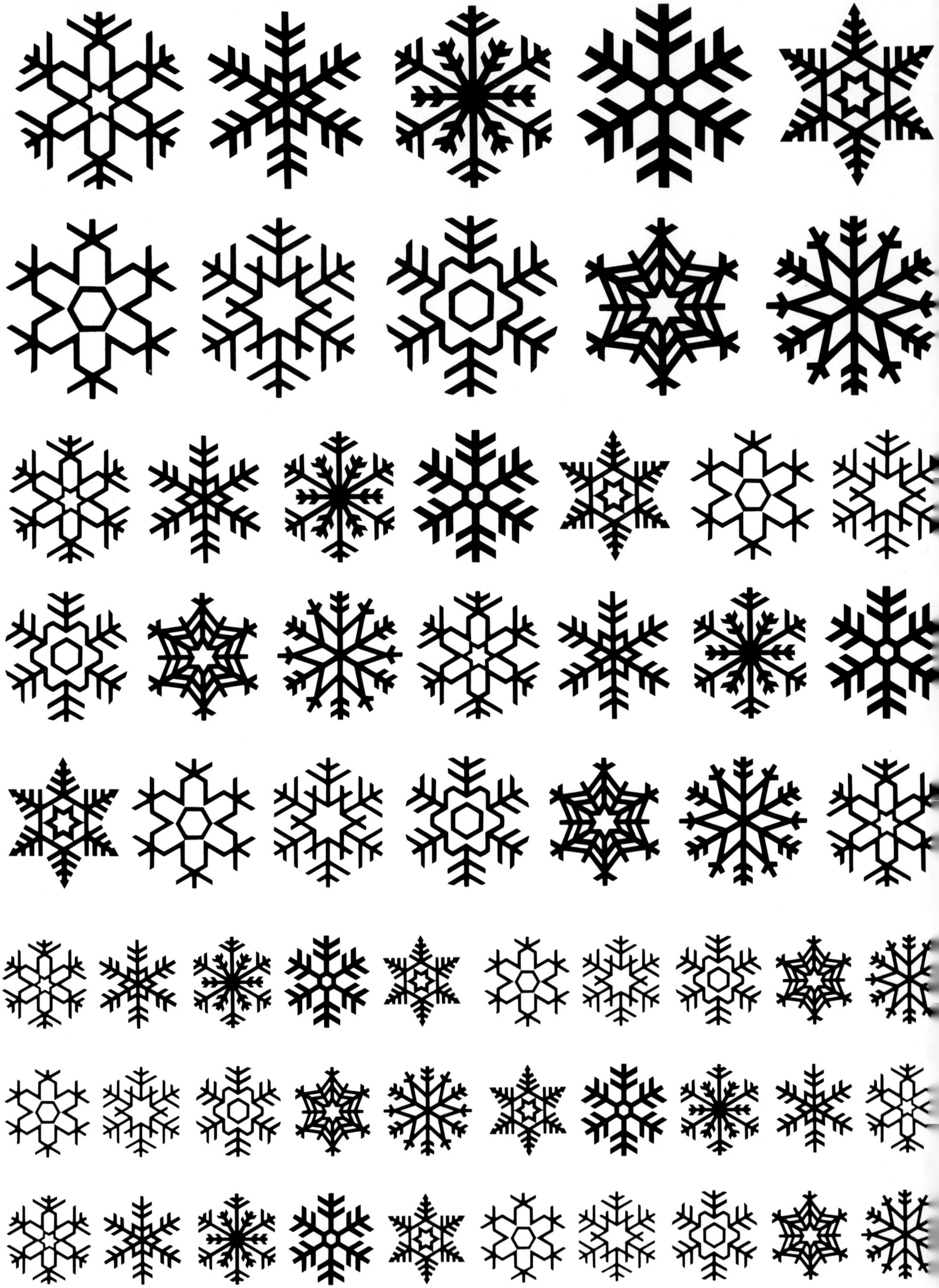

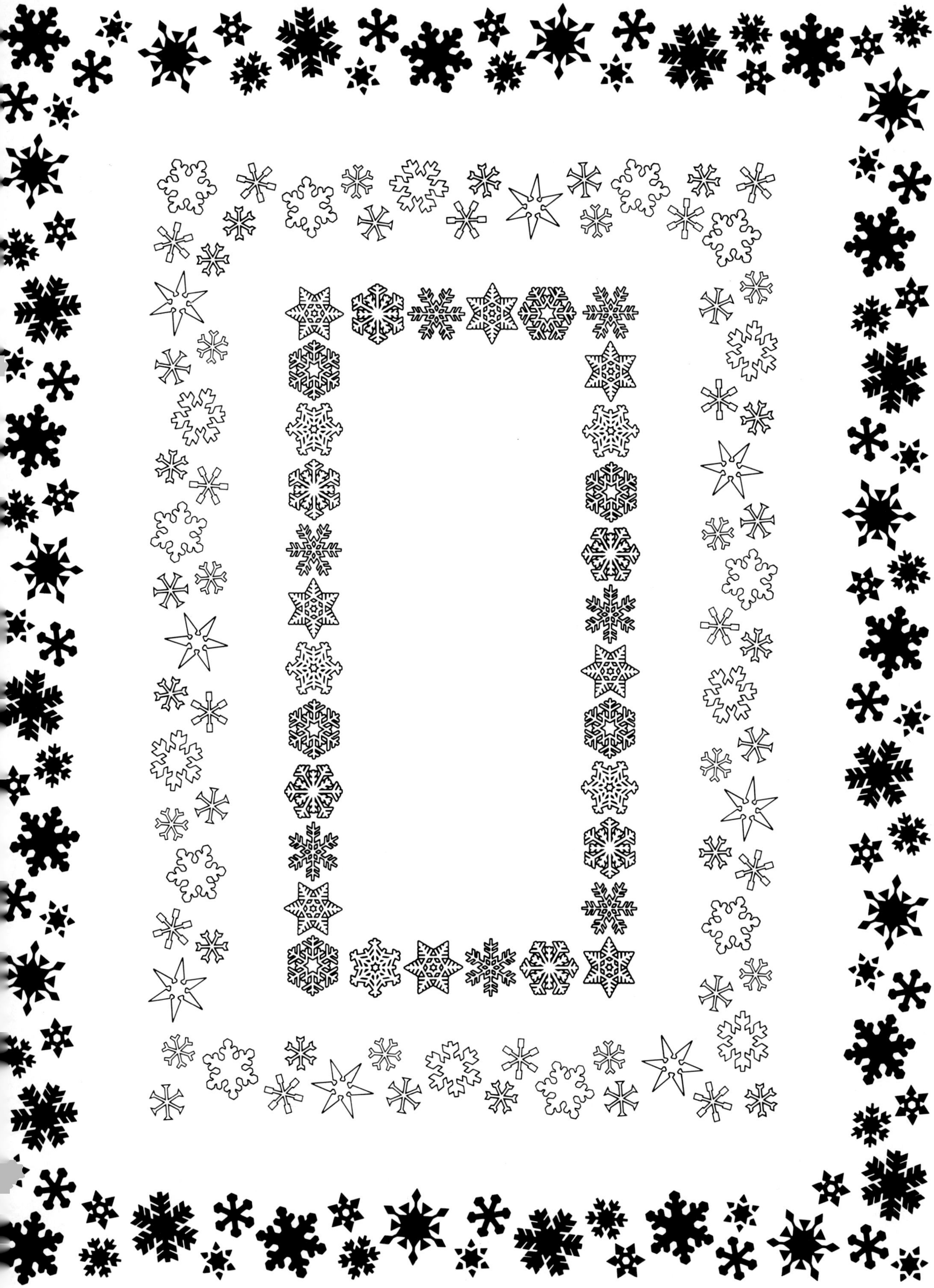

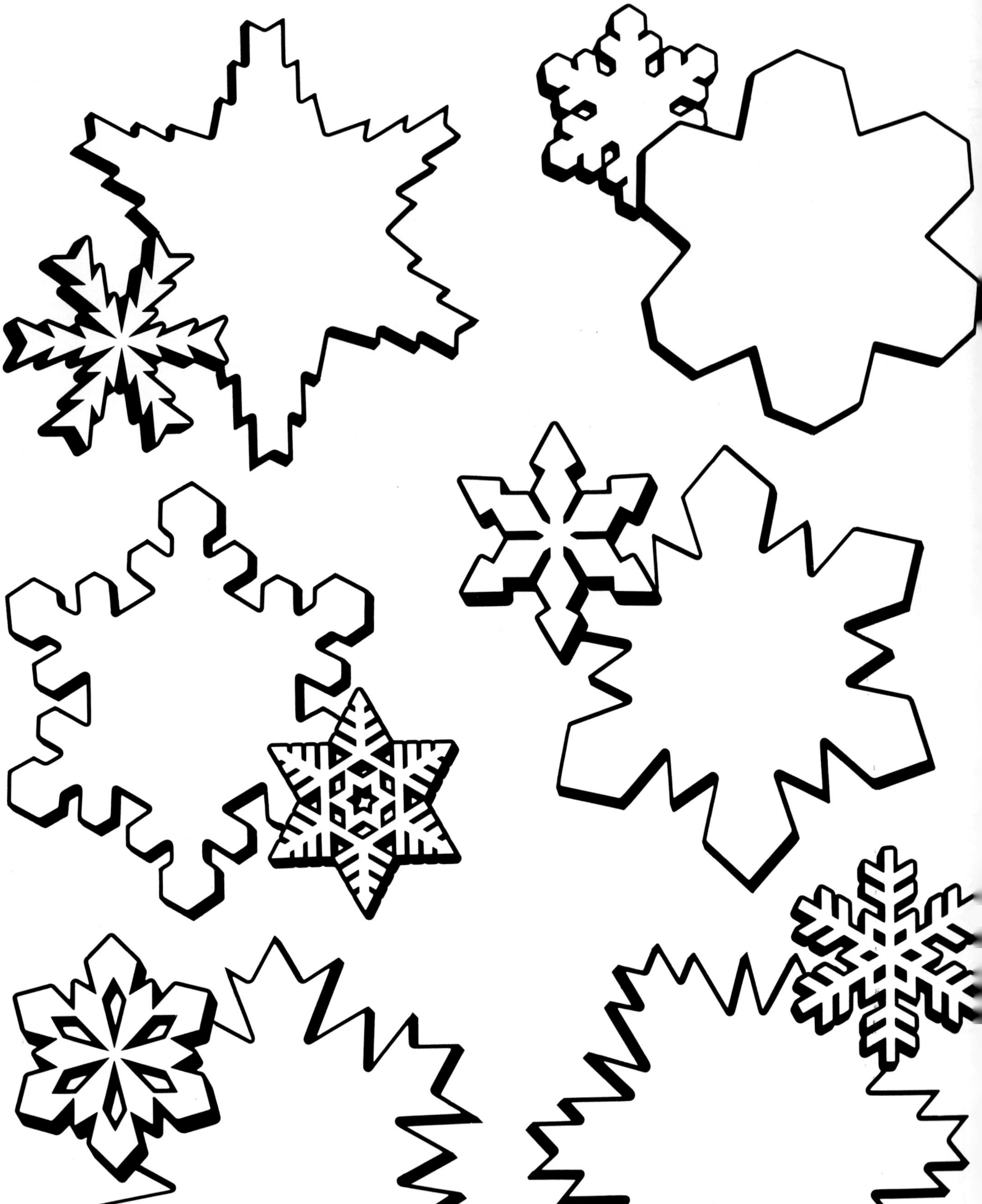

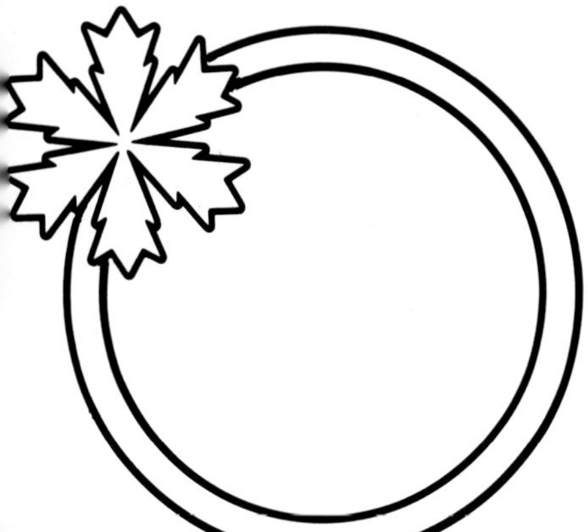
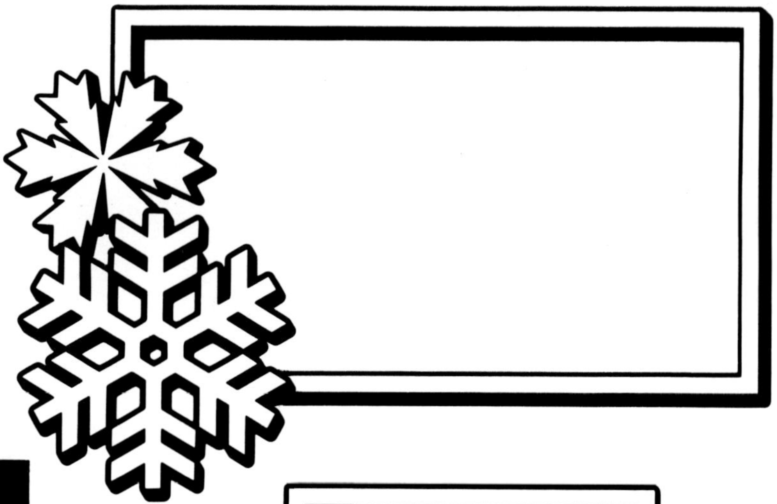
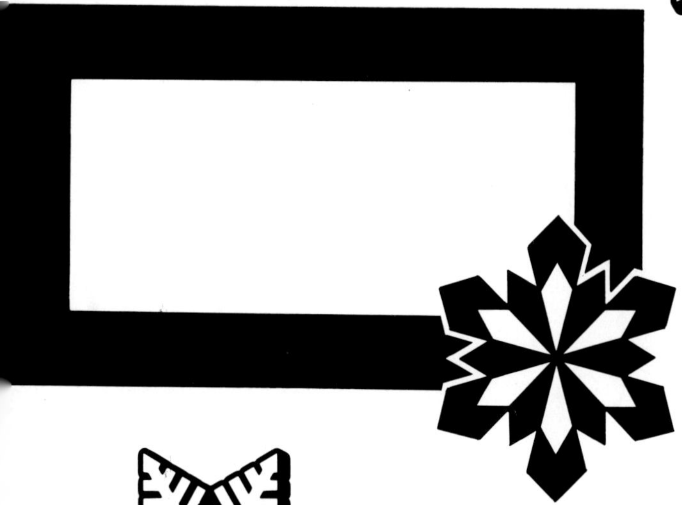
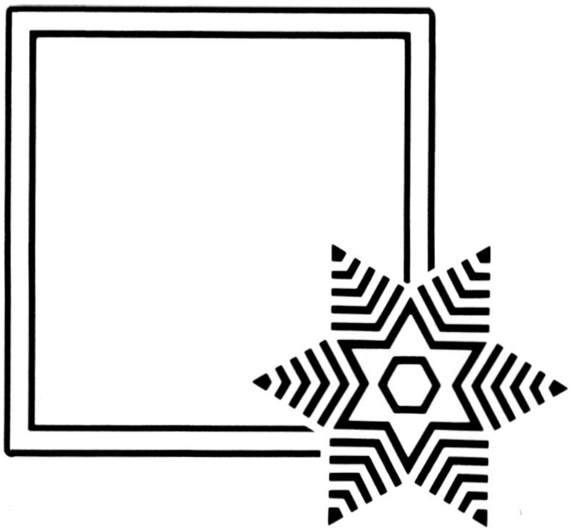
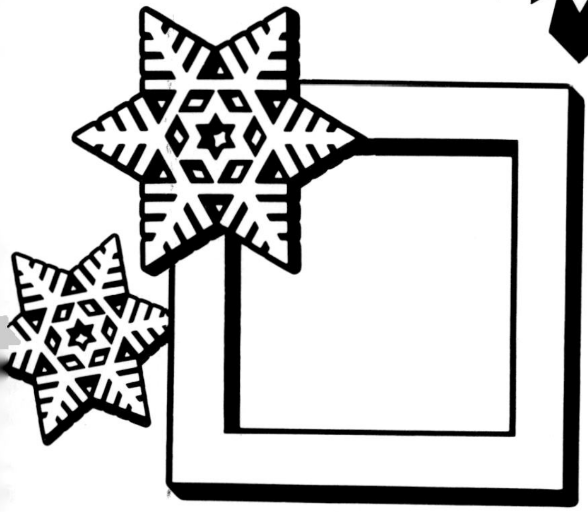
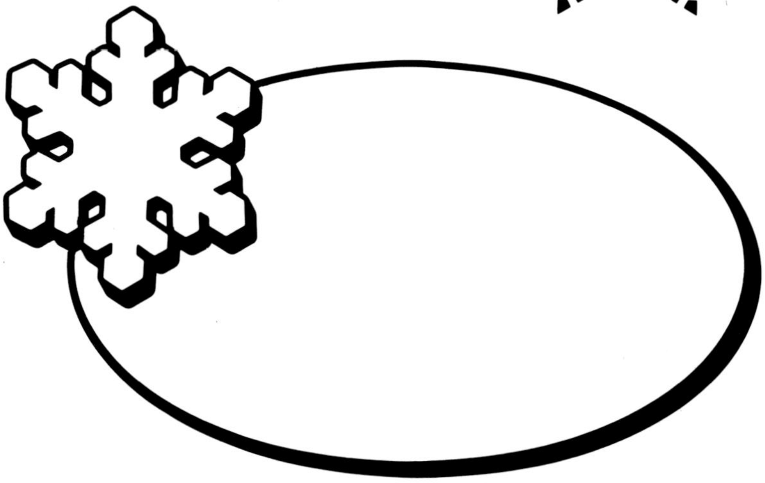

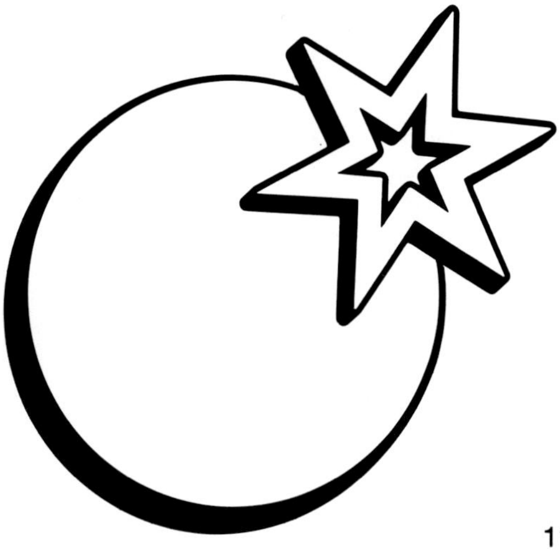

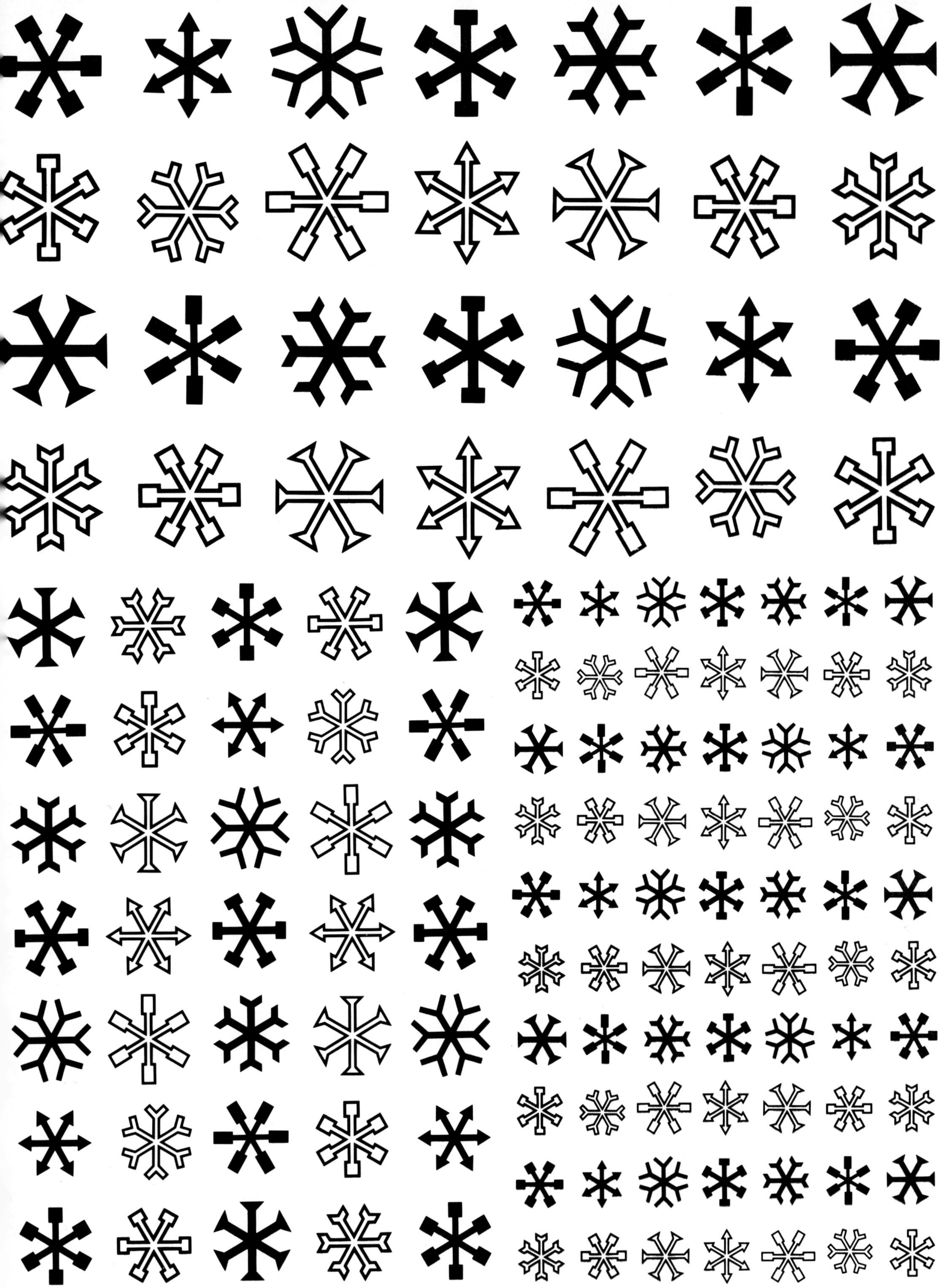

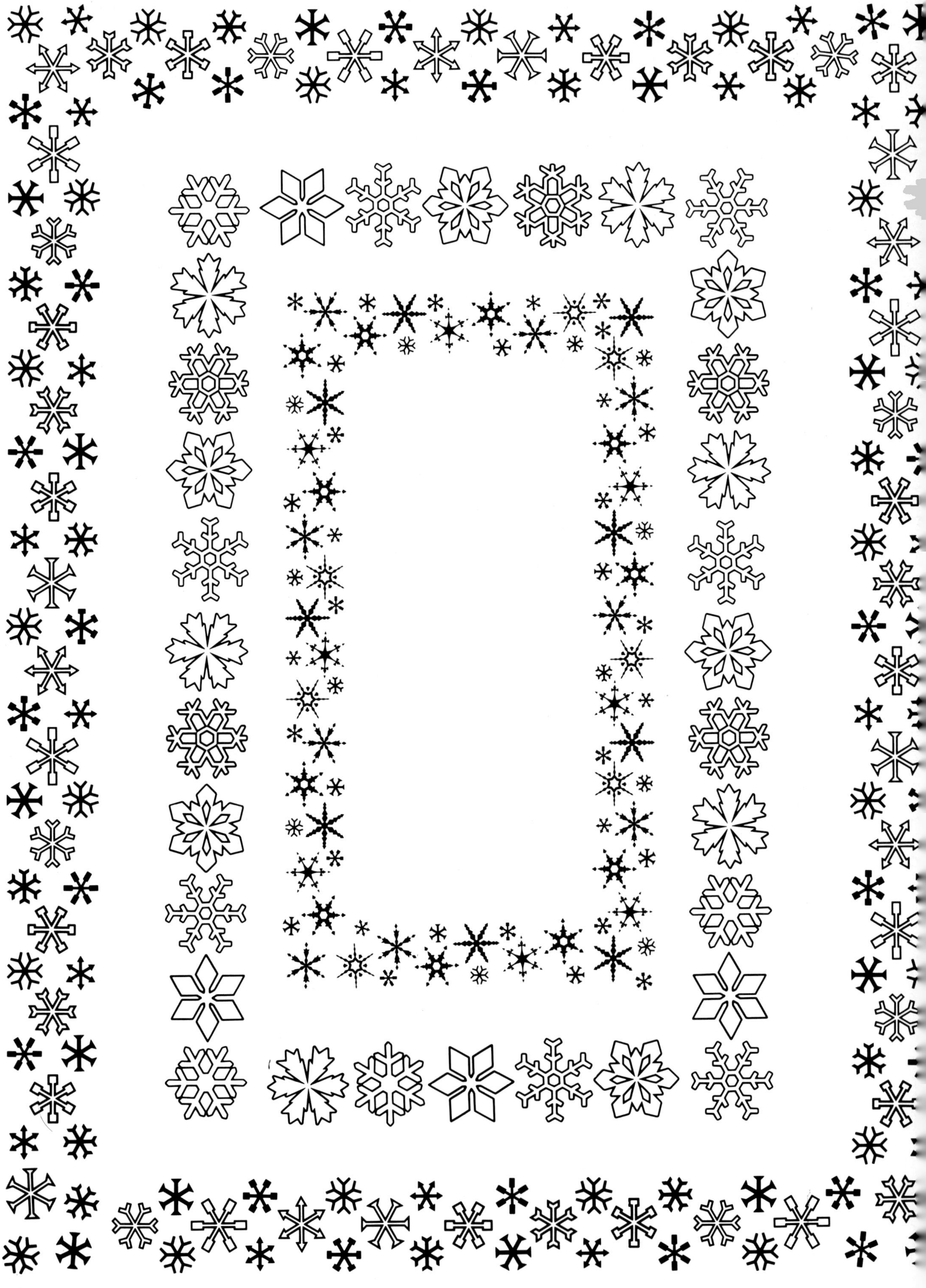

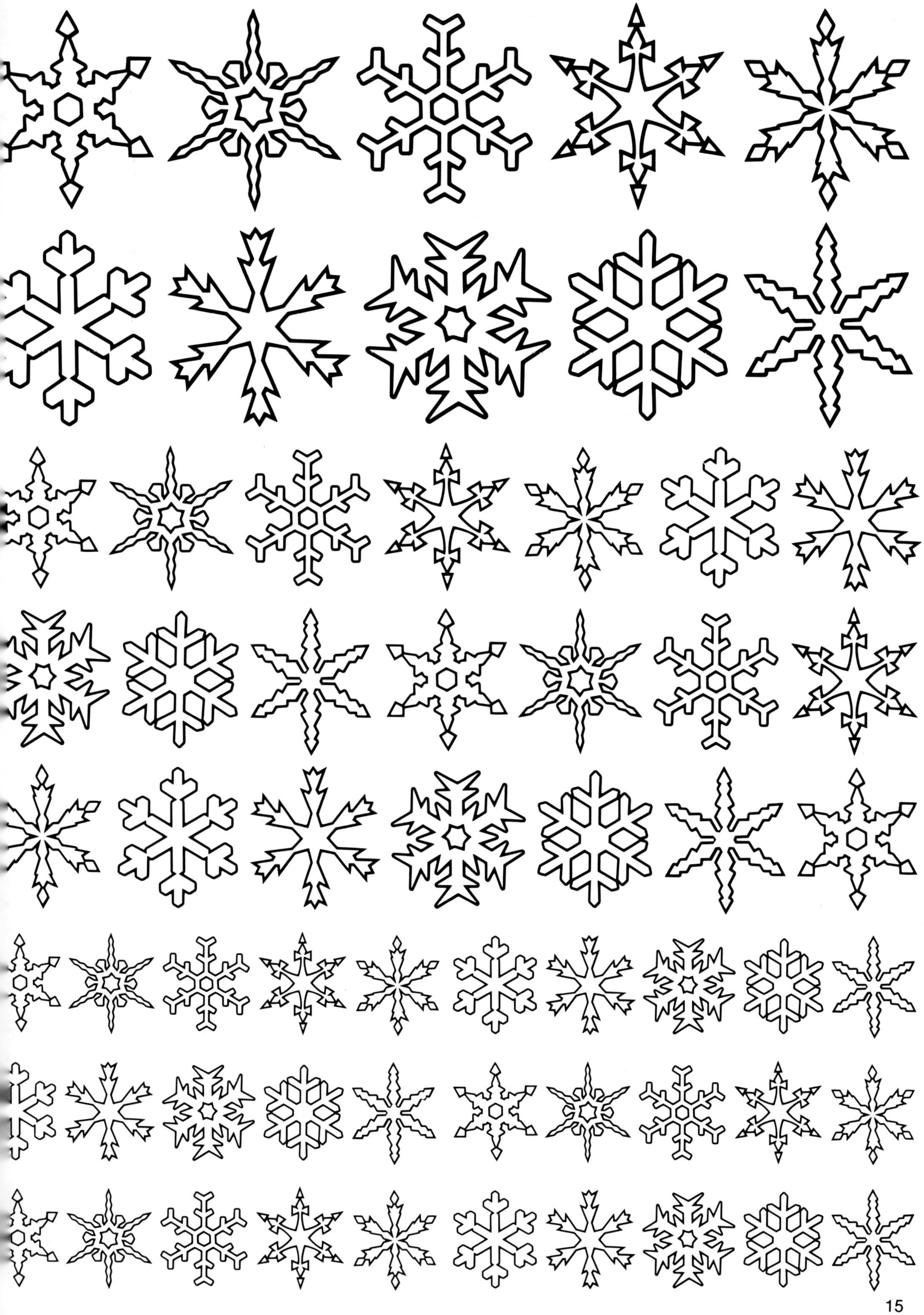

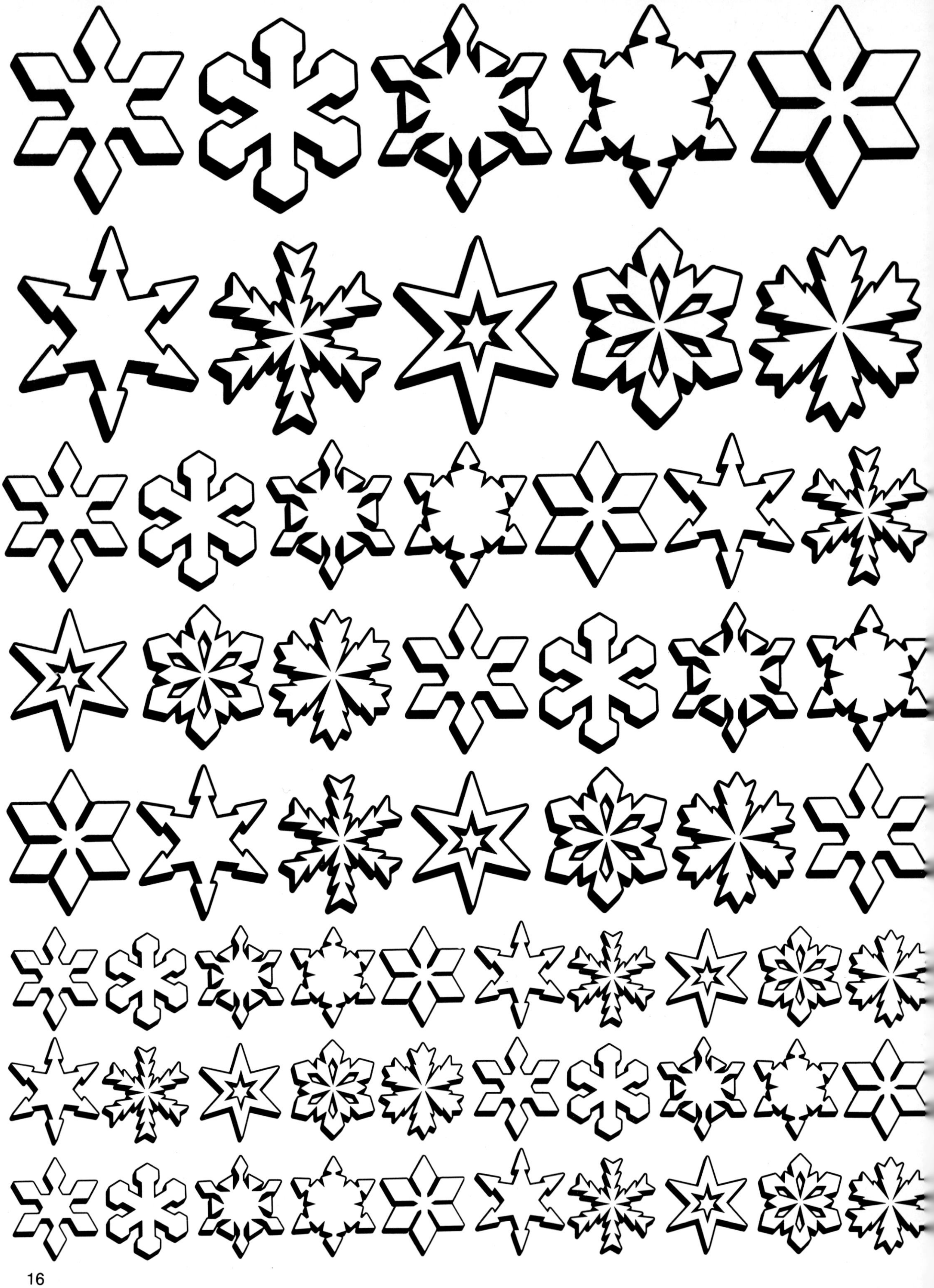

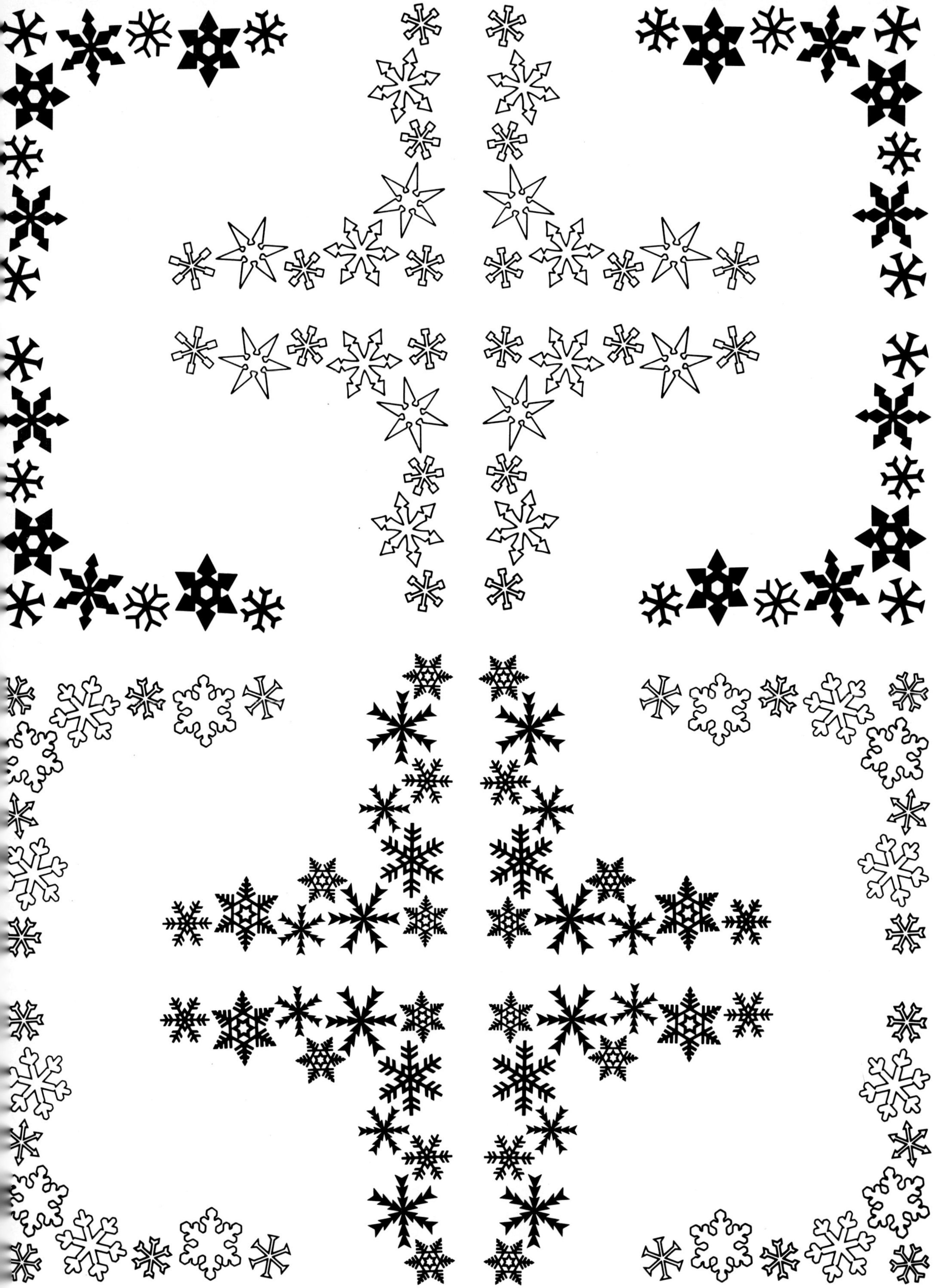

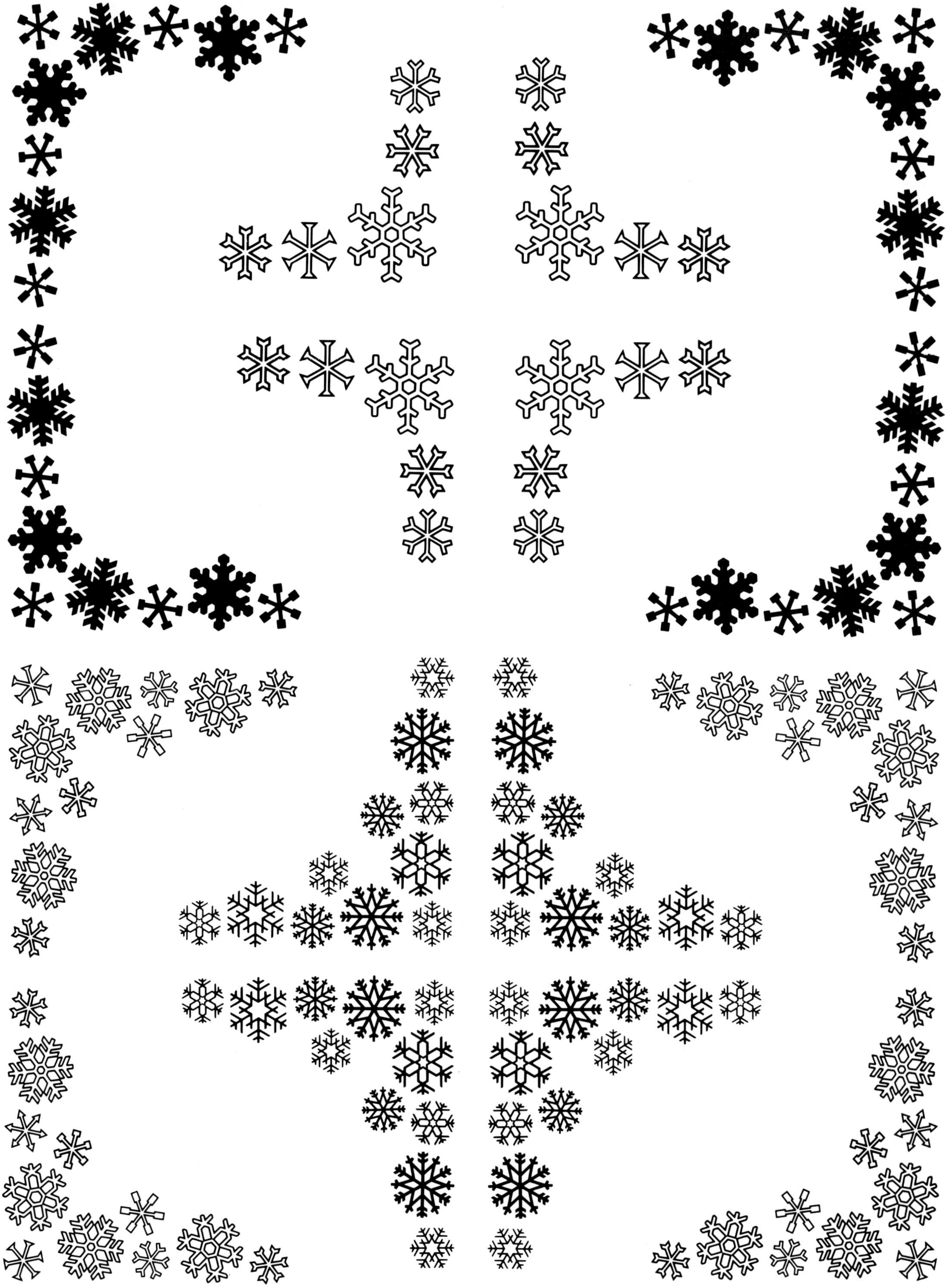

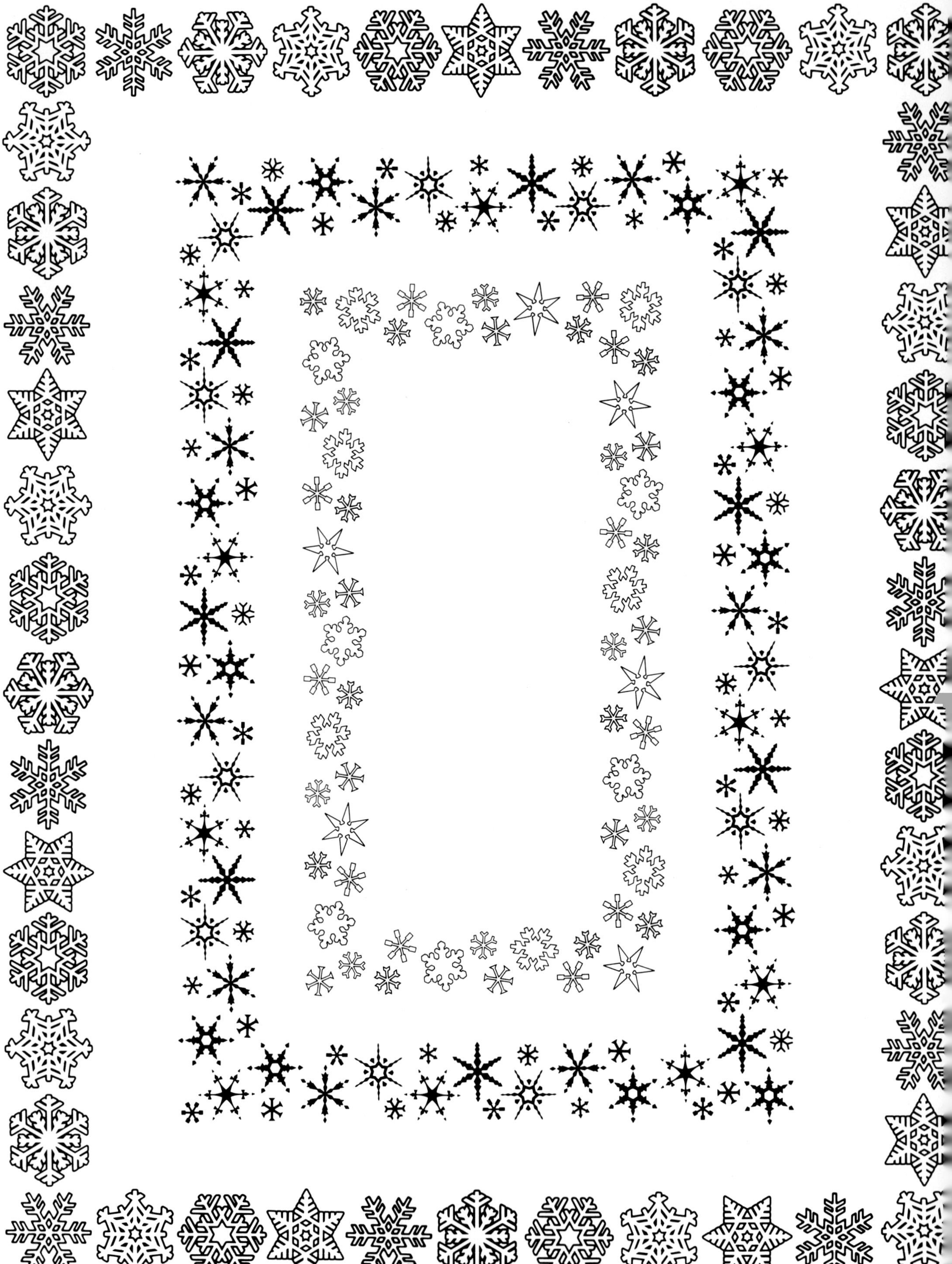

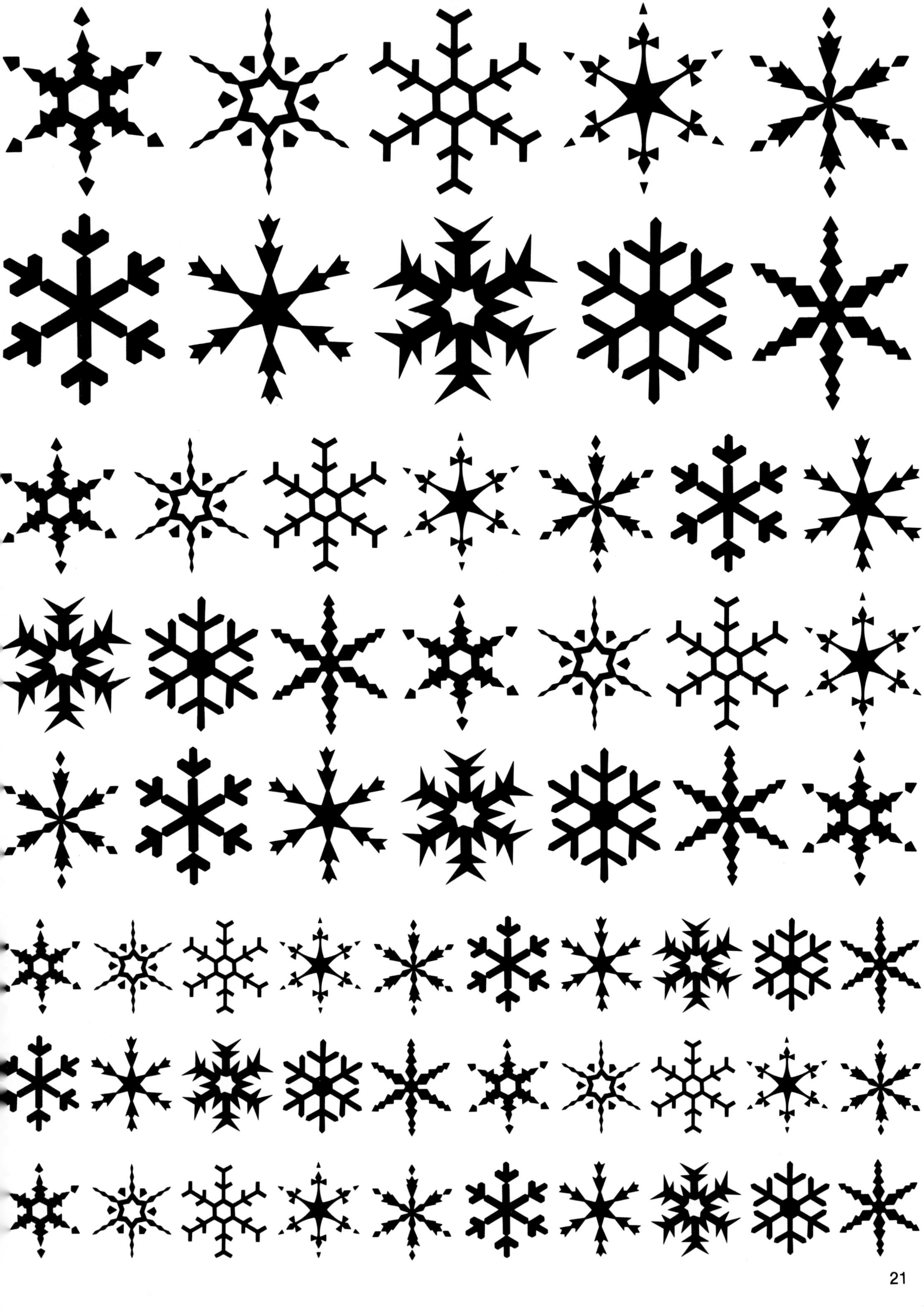

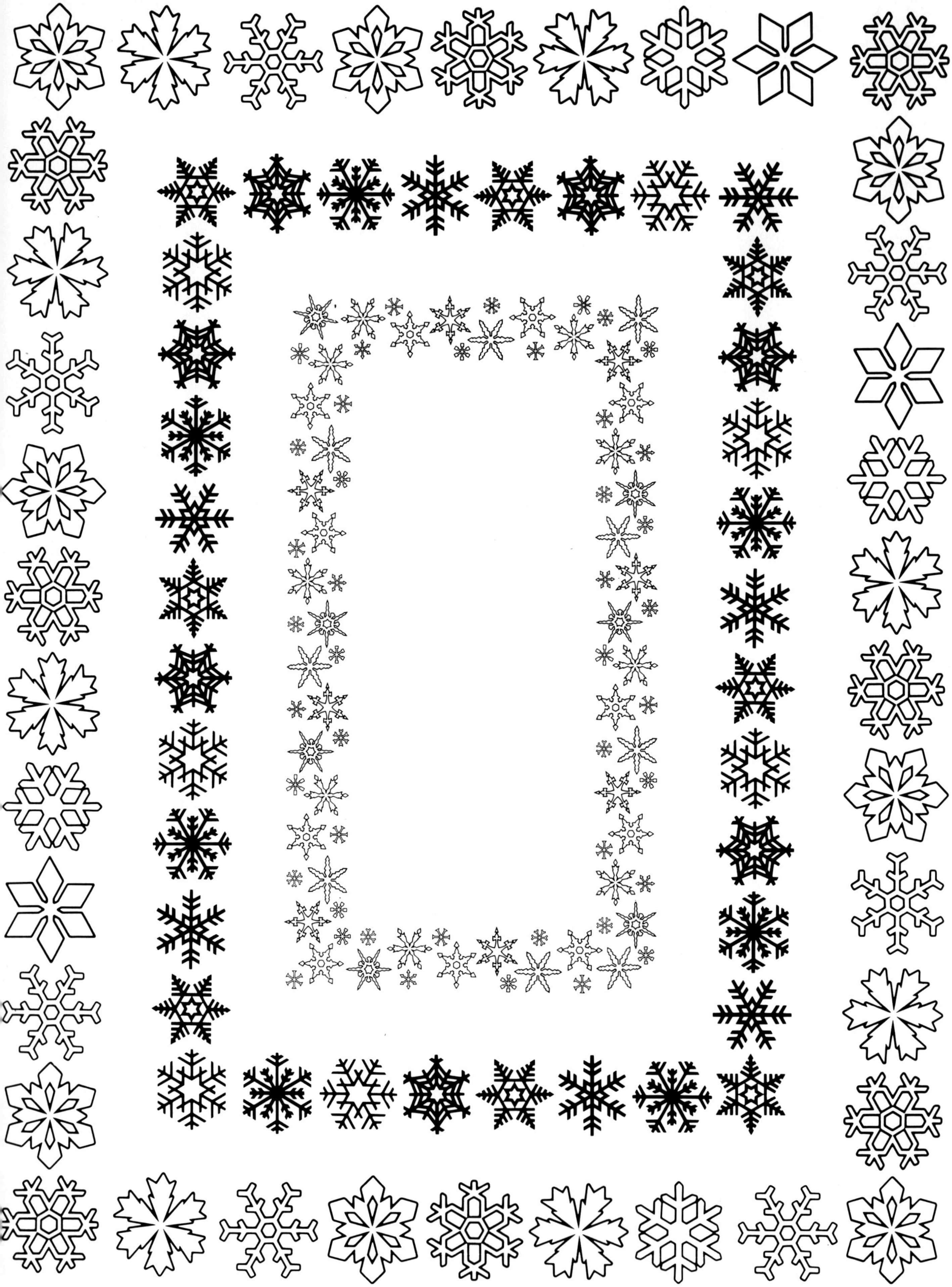

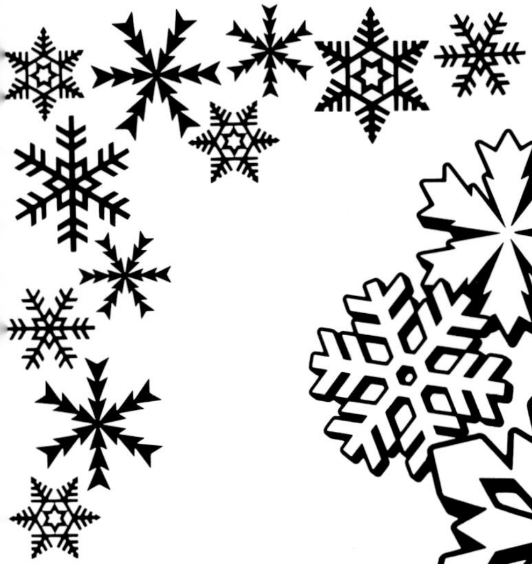
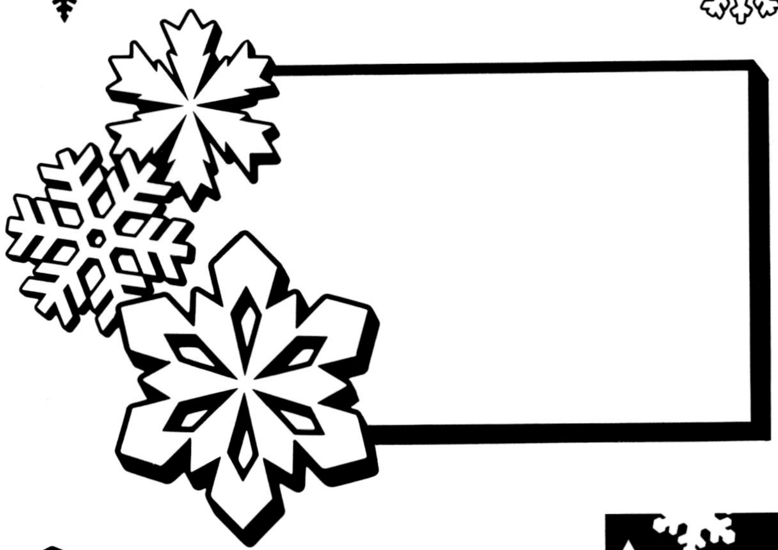
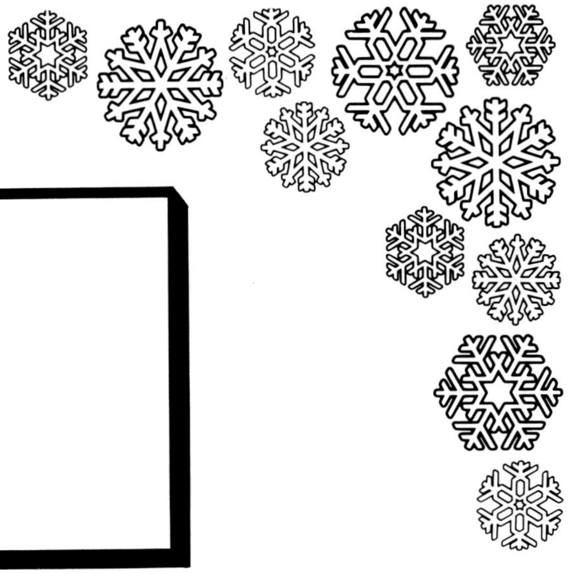
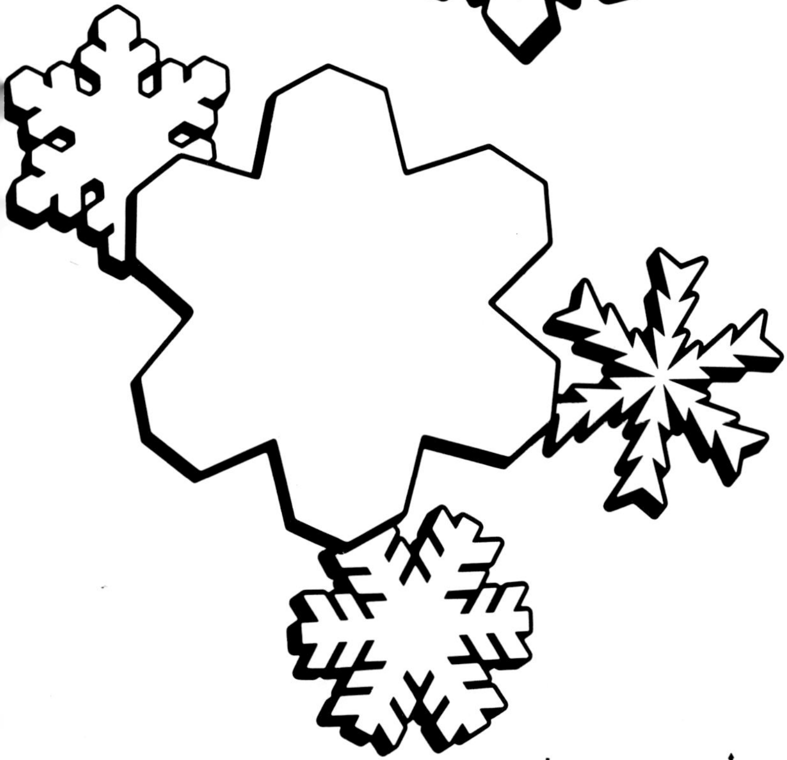

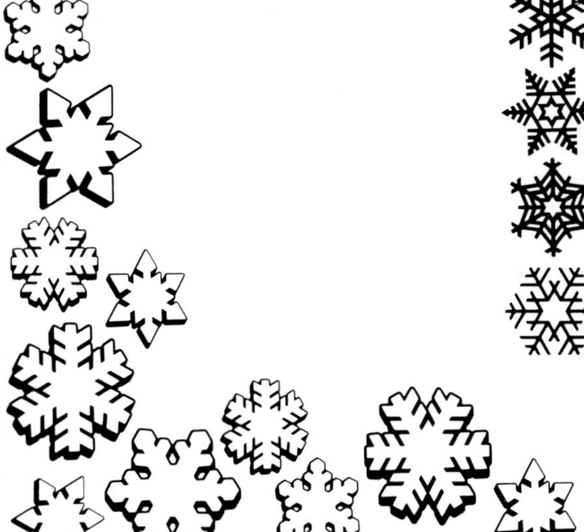

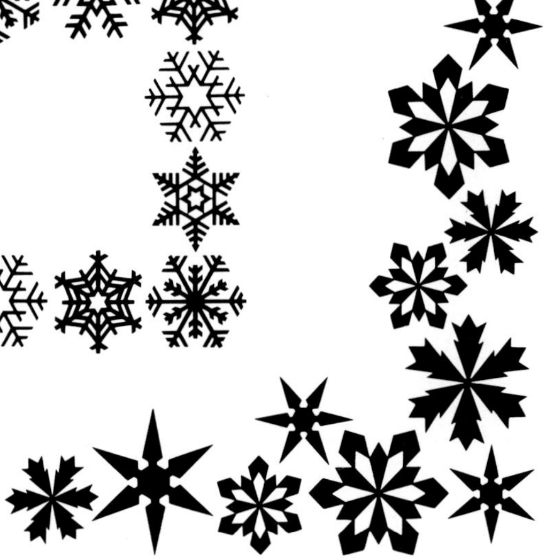

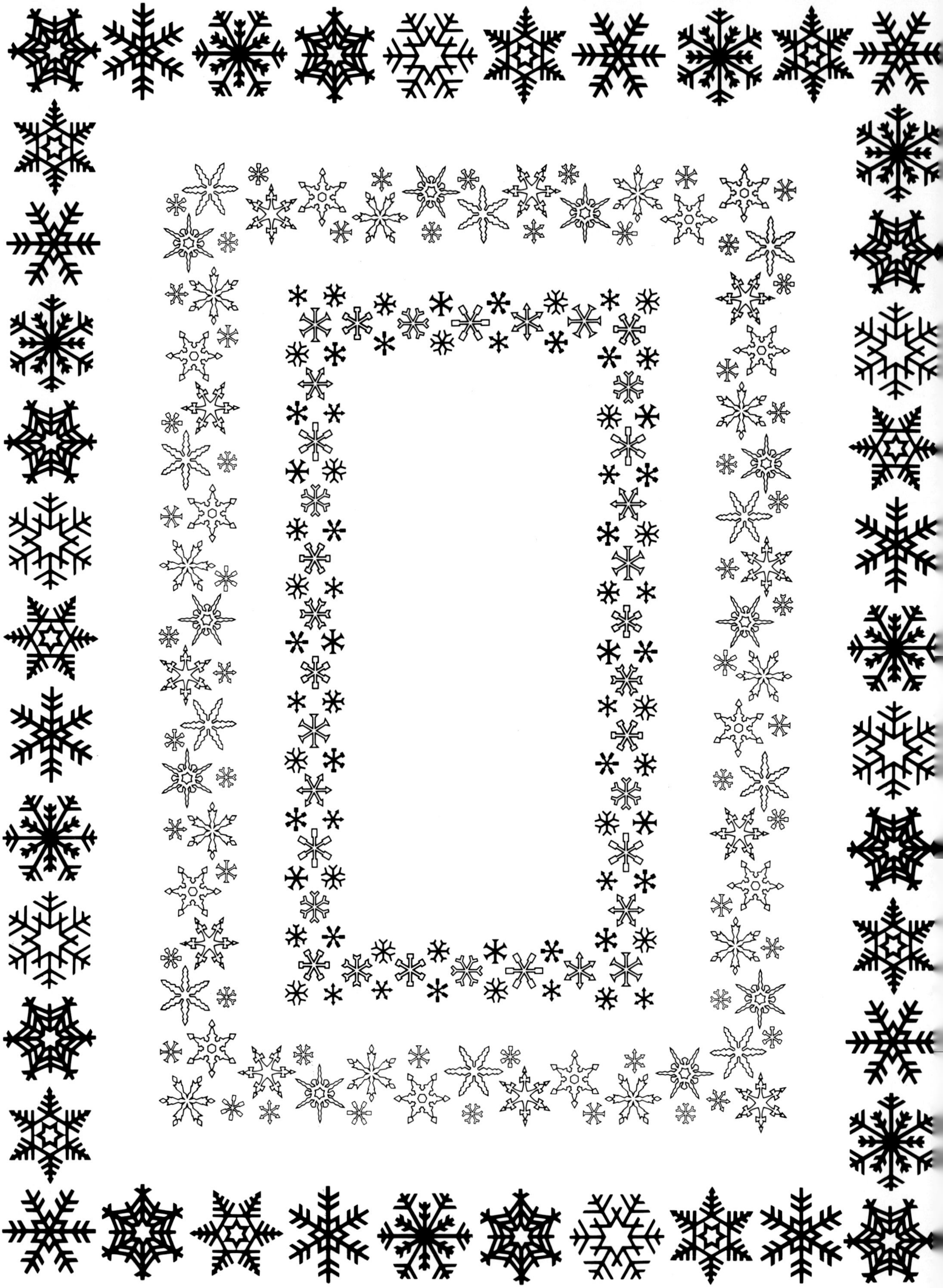

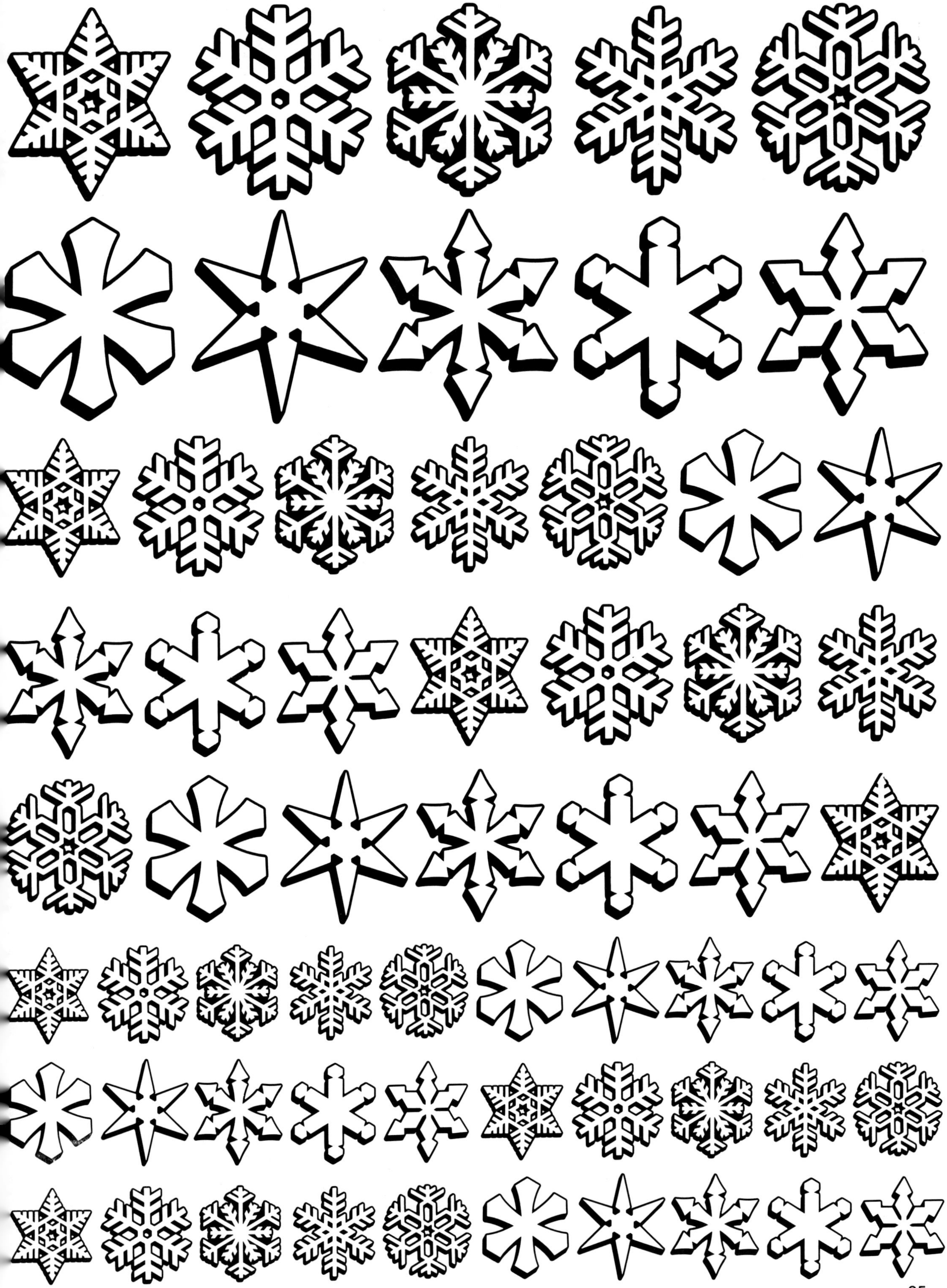

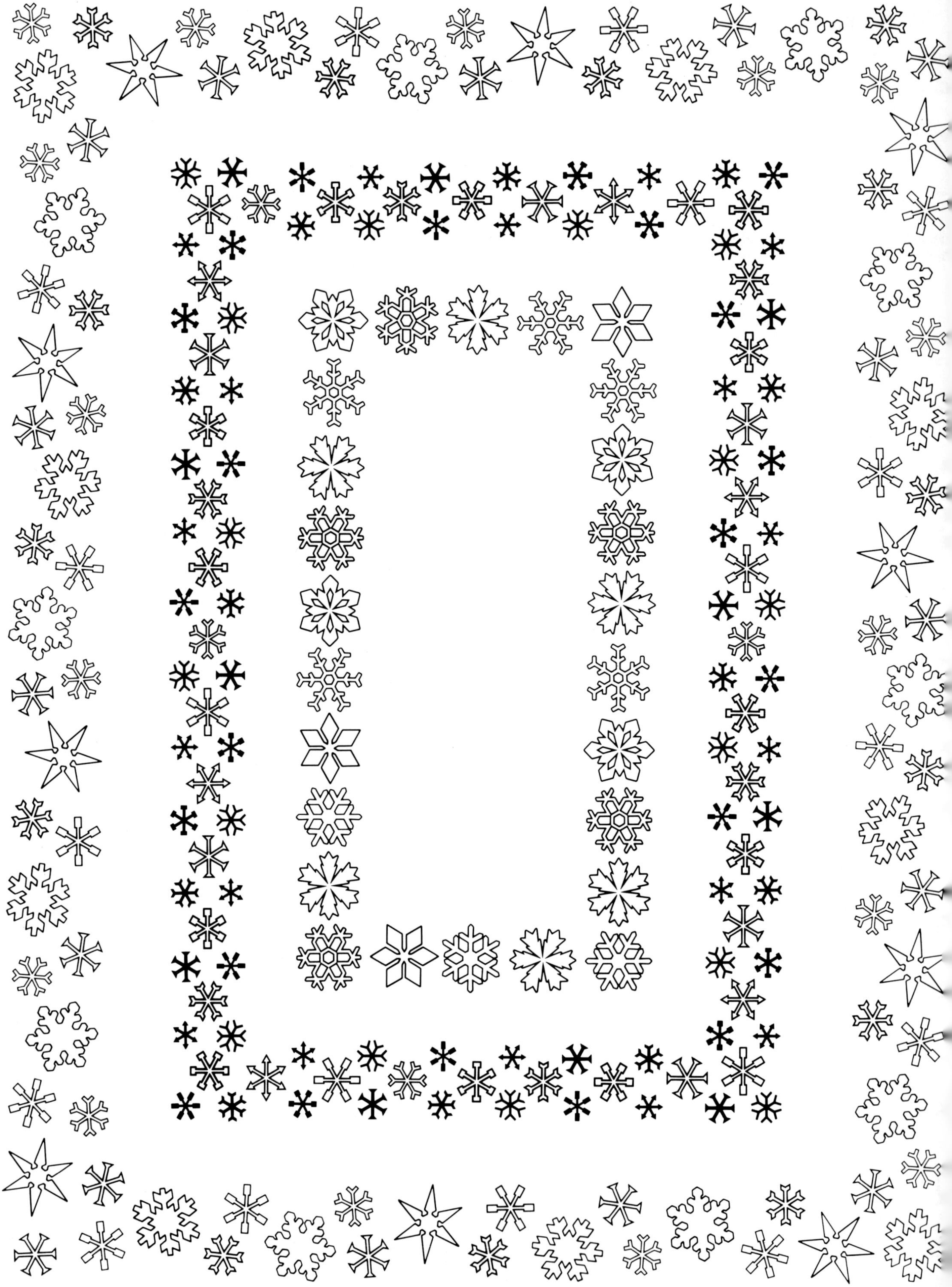

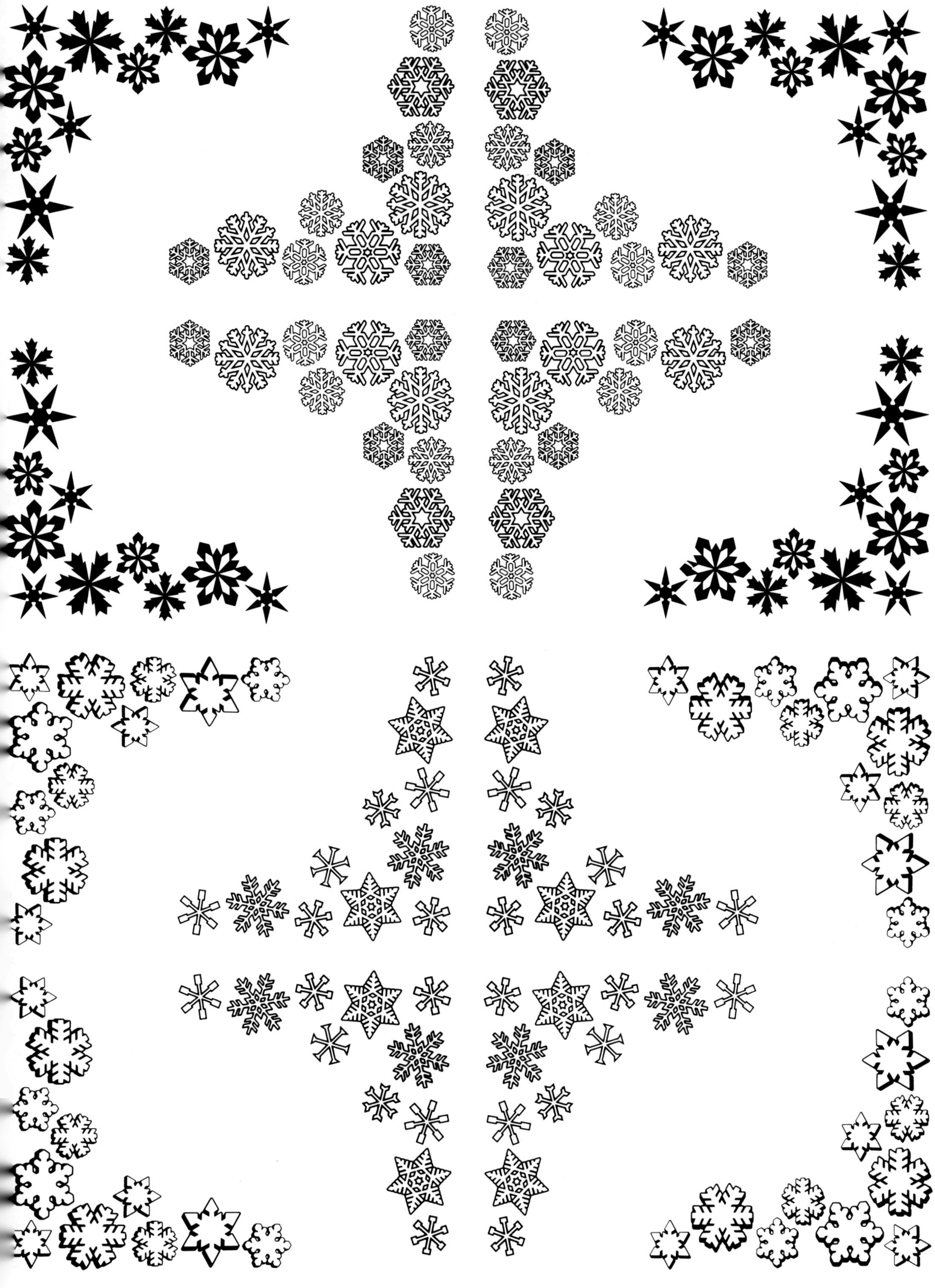

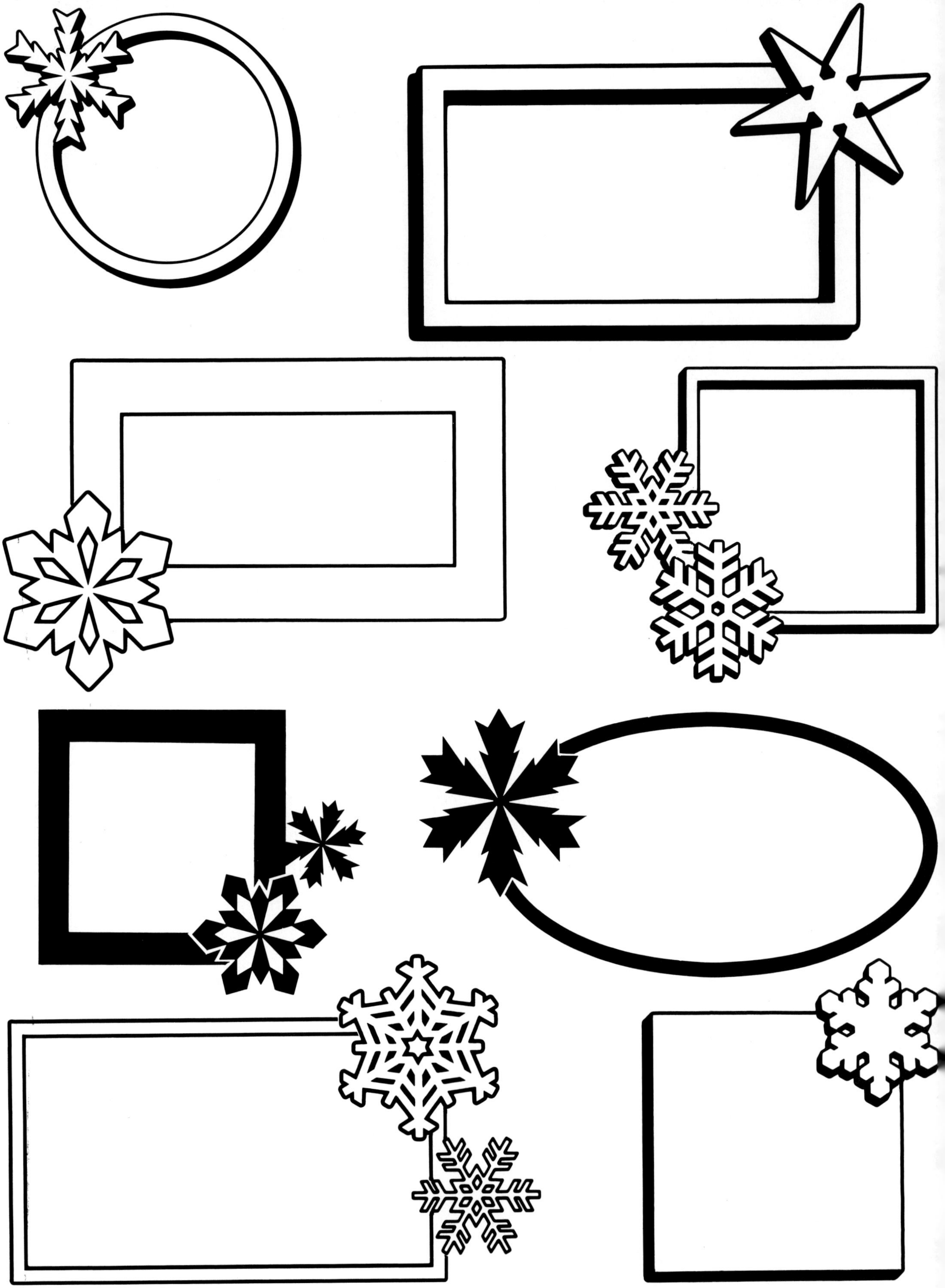

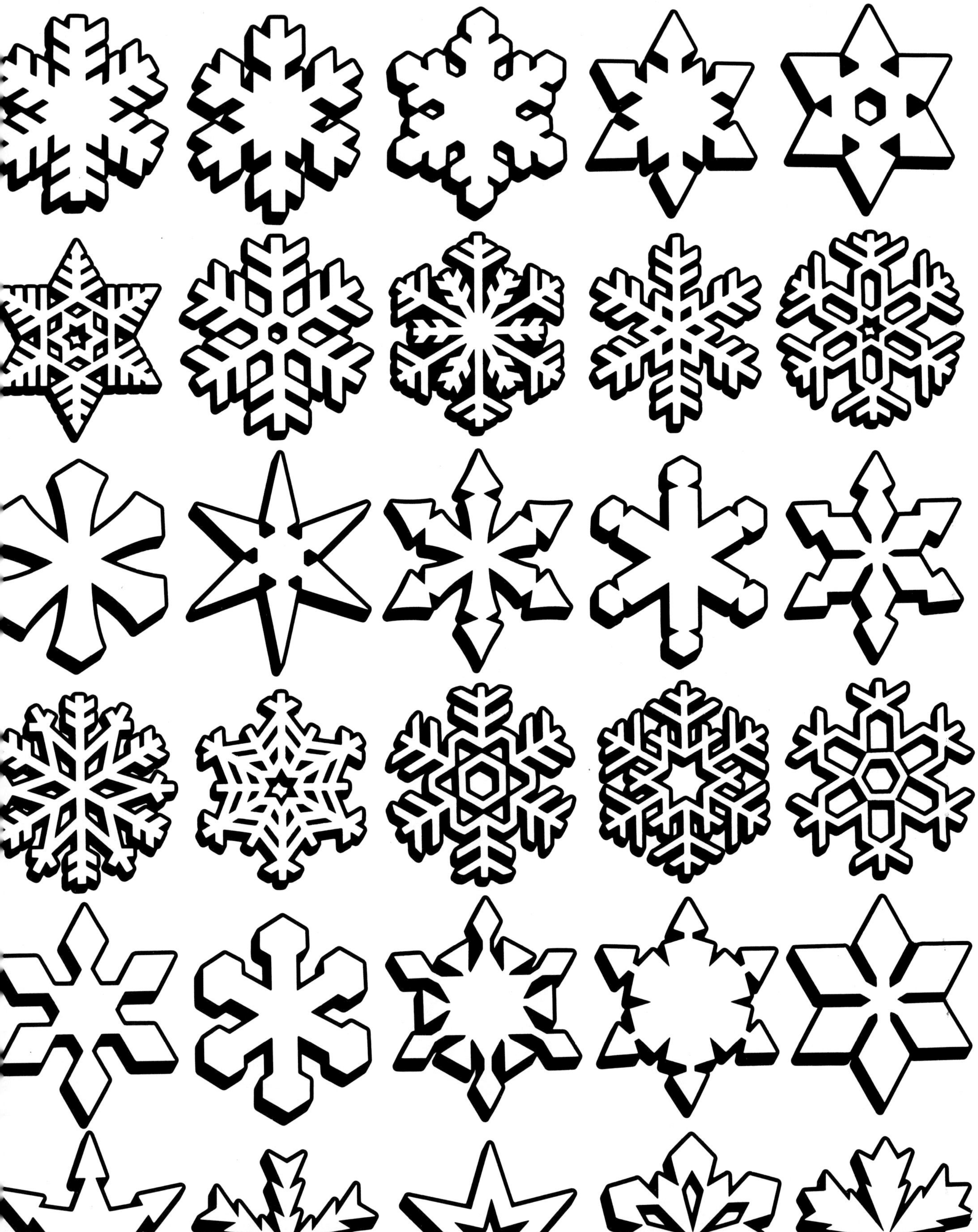

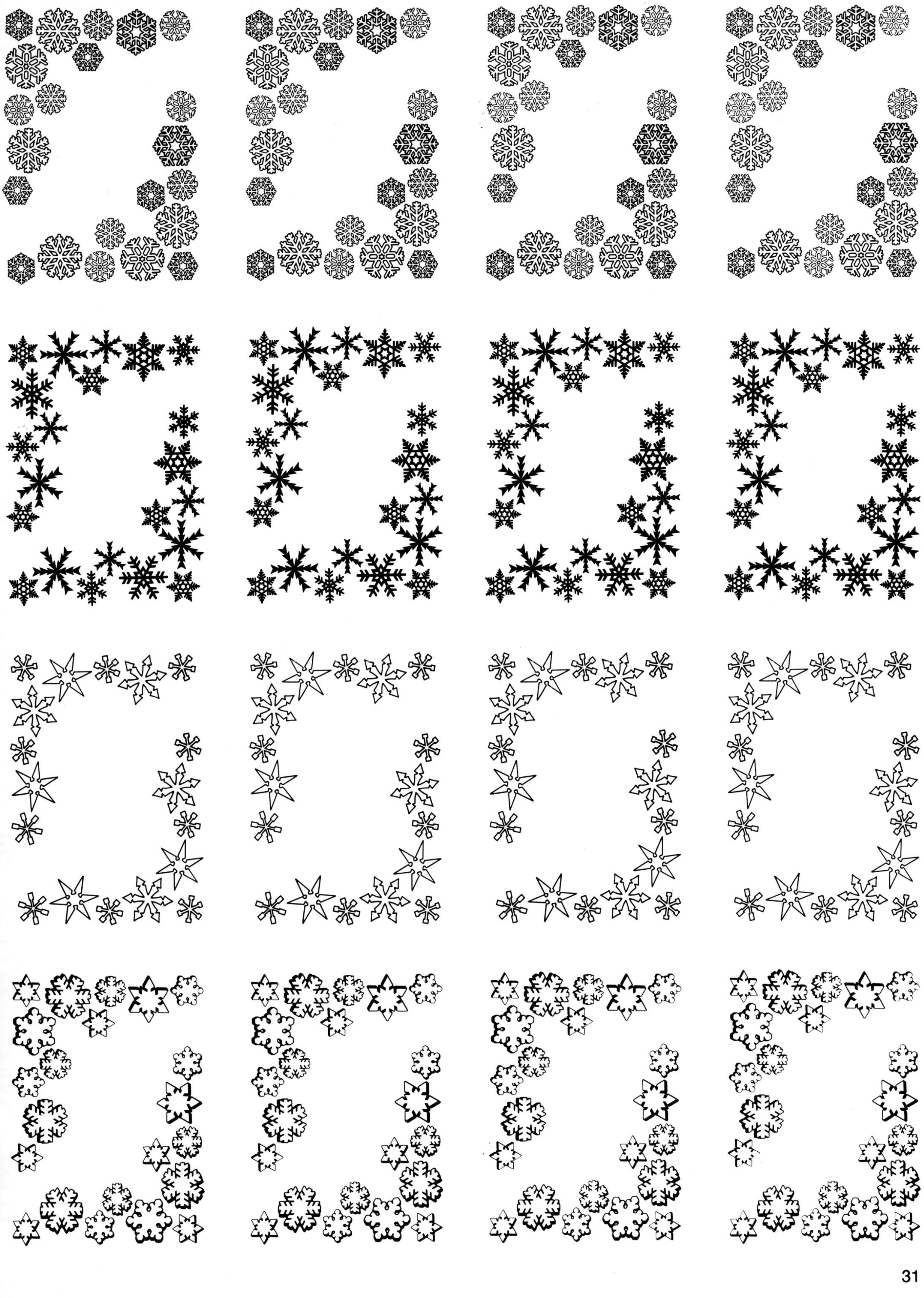

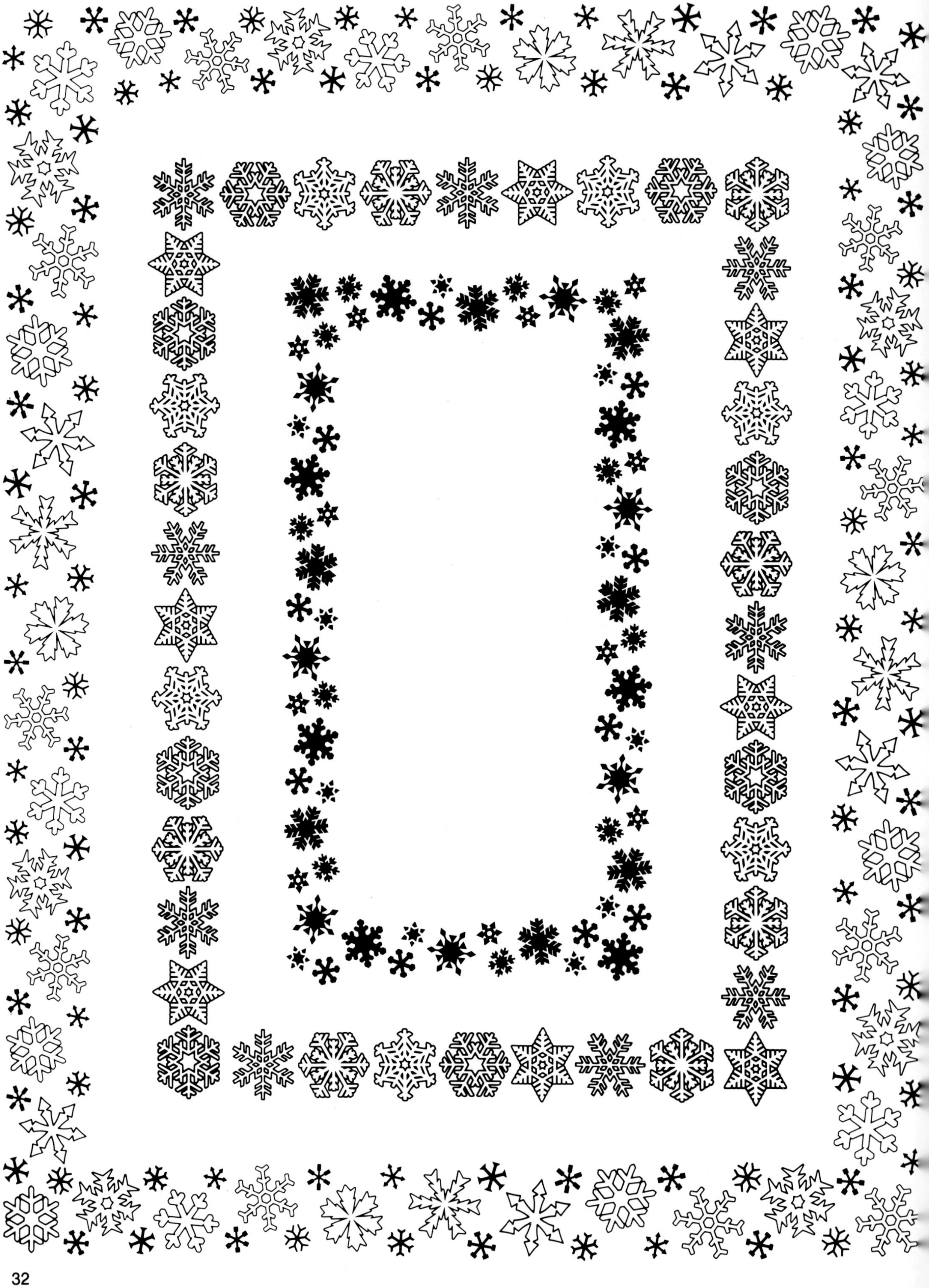